大数据时代的企业管理研究

武诗媛　著

中国商业出版社

图书在版编目（ＣＩＰ）数据

大数据时代的企业管理研究 / 武诗媛著. -- 北京 :
中国商业出版社, 2023.11
ISBN 978-7-5208-2711-9

Ⅰ. ①大… Ⅱ. ①武… Ⅲ. ①企业管理—研究 Ⅳ.
①F272

中国国家版本馆 CIP 数据核字(2023)第 218500 号

责任编辑：聂立芳
策划编辑：张　盈

中国商业出版社出版发行
（www.zgsycb.com　100053　北京广安门内报国寺1号）
总编室：010-63180647　　编辑室：010-63033100
发行部：010-83120835/8286
新华书店经销
三河市悦鑫印务有限公司印刷
*
710毫米×1000毫米　　16开　11印张　205千字
2024年3月第1版　2024年3月第1次印刷
定价：78.00元
* * * *
（如有印装质量问题可更换）

前　言

随着移动互联网、物联网、计算机技术等新兴科技的盛行，行业应用大数据信息呈现快速的增长，“大数据”一词成为各行各业的新名词，企业管理也紧跟潮流。基于移动技术、信息技术等新科技的催生下的信息资源，大数据具有规模性、复杂性、高速性、多样性等特征。通过高效开发、利用客户大数据信息资源实现增值，为行业的管理者提供决策支持，已经是大势所趋。

“互联网+”时代，世界在发生着巨大的变化。这些变化改变了社会的运行方式和人们的生活，也在深刻地改变着产业的竞争生态和企业的管理方式。在“互联网+”的一系列思维和技术变革中，包括云计算、大数据、物联网、移动互联网、智慧城市和人工智能等，大数据成为其中的核心力量，它代表着一种连接的力量，使各种事物的客观反映通过数据活跃起来，成为能够产生信息、知识和智慧的力量。

我国政府已经深刻地认识到大数据的这种力量，在顶层设计层面进行了一系列规划，颁布了相关的纲领和政策。从 2012 年 11 月中华人民共和国发展和改革委设立“大数据分析软件开发和服务”专项课题，到 2015 年 9 月国务院发布《促进大数据发展行动纲要》，乃至 2023 年 10 月国家数据局正式揭牌，大数据已成为推动经济转型发展的新动力，大数据产业正在成为新的经济增长点，将对未来信息产业格局产生重要影响。

本书由晋中学院横向科研项目“太原市启祥宇科贸有限公司客户关系管理优化设计”（编号：KY00334）；“山西省高等教育百亿工程晋中学院应用型大学建设”计划；晋中学院“1331 工程”学术创新团队（编号：jzxyxscxtd202104）建设计划资助出版。

最后需要特别说明的是，由于时间仓促和作者水平所限，难免存在不足之处，希望广大读者批评指正，作者将不胜感激。

目　　录

第一章　企业与企业管理的认识

第一节　企业管理基本理论研究

一、企业管理的概念

在当前市场经济条件下，由于顾客的需求和愿望在不断地增加，因此管理在社会经济生活中所扮演的角色越来越重要。从某种程度上来说，管理对任何组织来说都具有核心意义上的重要性，因为管理将组织所做的和顾客想要的连接在一起，并保证整个商品流通过程的顺畅。因此从这个角度来理解，管理就是组织为社会提供商品或服务的过程，这个过程将组织的业务和顾客的需求连接在一起。

人们对于管理有着不同的理解，一种观点认为，管理是关注于原材料的获得、产品的转化和把这些产品提供给顾客的过程；另一种观点认为，管理就是企业所做的事。实际上，管理贯穿于企业运行的始终。管理在不同的组织中以不同的方式发生在整个组织里。因此，管理是将组织的业务活动及其成果与顾客的需求连接在一起的过程。管理既包含有形产品的转换过程，也包含无形产品的转换过程。

在组织内部，人们通常会给管理职能部门的职责这样下定义：生产本组织的产品和服务，并提供给内部或外部的顾客或用户。因此，管理是对组织向社会提供产品或服务整个流程的计划、设计、组织和控制。管理的内涵给我们提供了一个认识管理的途径，那就是它可以帮助我们设计、管理、推进组织的管理在一个有序的氛围之中。管理者就是设计、管理和改进组织工作过程的人。管理系统是企业系统的重要组成部分，具有重要的地位。企业通过对生产要素的投入，经过一个或多个转换过程（如储存、运输、加工等）可获得产品或服务，实现价值的增值。

随着科学技术和社会分工的发展以及人们对客观事物认识的深化，管理在理论、范围、实践等方面都得以不断地延伸、拓宽和发展。

管理活动是在一定的生产（或服务）系统中进行的，生产（或服务）系统的设计对企业管理起着至关重要的作用，企业管理的许多参数都是由生产（或服务）系统设计决定的，如生产能力、单位产品成本、生产布置的空间和产品（或服务）质量等。

二、企业管理的目标

（一）竞争力目标

一个成功的企业必定在市场中占有较大的份额，并且具有较强的竞争力，可以带来更多利润。企业的竞争力并不是固定不变的，要不断对其进行开发、培养和巩固，这样才能保持企业的竞争优势，使企业在激烈的市场竞争中长盛不衰。

1. 企业竞争优势

竞争是市场经济的必然产物。实践证明，在市场经济条件下，具有竞争优势的企业才能在激烈的竞争中生存和发展。企业的竞争优势，就是指企业在与同行业企业的竞争中所表现出的相对于竞争对手的一种优势，依赖于这种优势，该企业可以获得超过该行业正常收益率的回报。

企业的竞争优势表现在许多方面，其中最主要的是表现在质量、价格、品种或劳务差异、柔性与交货期等方面。

（1）质量竞争。当前在市场经济条件下，企业间的竞争更多地体现在产品或服务质量的竞争上。质量分为两类：产品质量和过程质量。

第一，产品质量。产品质量与材料、工艺及设计密切相关，产品质量关系到购买者对产品和服务的满意度。产品质量是企业的生命，也是国民经济能否持续发展的关键。特别在高科技时代，产品质量的优劣，已不仅是传统概念上的物美价廉、经久耐用，而是要求产品具有较高的科技含量，包括产品的原材料、生产工艺、检测手段，都应该是高新技术的产物，从而增加产品的科学性、安全性以及使用上的自动化和智能化程度。这样的产品在高科技时代才具有竞争力。

第二，过程质量。过程指的是，把输入转化为输出的一组互相关联的资源和活动。其中，所谓的“资源”主要包括人员、资金、装置、设施、技术和方法等诸要素。过程质量管理就是要把影响产品质量的各环节、各因素全部控制起来，以提高产品或服务质量的可靠性，生产没有缺陷的产品或服务。

（2）价格竞争。价格是商品价值的货币表现。利用削价展开激烈的竞争是企业进行市场竞争的常用方法。在许多因素相同的条件下，消费者通常会选择价格较低的商品。价格竞争的结果，短期内可能会造成企业利润的下降，但从长远分析，企业要在激烈的竞争中求生存和发展，必然会想方设法降低产品或劳务的成本，从而推动技术进步和管理水平的提高。价格竞争也会导致企业之间的优胜劣汰，这种竞争淘汰对社会资源的优化配置是极其有利的。

价格竞争是市场经济下最基本的竞争形式，其他所有竞争形式在某种程度上也是价格竞争的延续。

（3）差异性竞争。产品或服务的差别是指设计一系列有意义的差别，包括设计、成本、质量、使用简单、便于安放、有保障等，使本公司的产品处于同竞争者产品或服务相区别的状态，从而使本企业产品或服务处于一种不完全替代状态。

一般来说，产品或服务的不完全替代性愈高，意味着产品或服务差别愈大，产品或服务间的竞争激烈程度愈强，反之亦然。一个企业应该努力寻找和创造与竞争者相区别的产品或服务以获得竞争优势。

（4）速度的竞争。现代企业面临着不可预测和不断变化的市场，面对市场的激烈竞争，企业只有快速响应市场需求的变化，才能在竞争中取胜。美国经济学家小艾尔弗雷德·钱德勒（Alfred Chandler）很早就注意到"时间"在竞争中的重要作用，他认为，"现代化的大量生产与现代化的大量分配以及现代化的运输和通信一样，其经济性主要来自速度，而非规模"。速度是个广义的内容，它包含快速决策、快速销售、快速创新、快速反馈等。

（5）柔性竞争。柔性是指对市场的应变能力。一个企业或部门的柔性越强，其相对于不具有如此柔性的企业来说就越具有竞争优势。应变包括生产量的增减、产品或服务设计的改变。

进入 21 世纪，企业经营环境已经发生了根本性的变化。竞争的全球化，顾客和市场需求的多样化、个性化以及某些行业生产能力的相对过剩，使得产品寿命周期日趋缩短，价格竞争日益加剧。为了适应残酷竞争的需要，必须寻求一种全新的理念和经营方式。柔性管理就是在这一需求下产生的。

企业"柔性管理"与传统的泰罗制管理强调规范化、程序化、步调一致不同，它讲求管理软化，以管理的柔性化激发人的更大的主观能动作用，以适应现代市场"刚性竞争"的需要。企业"柔性管理"包括柔性战略管理、柔性营销管理、柔性生产与组织管理、柔性人才及工作时间管理等。

2．培育企业的核心竞争力

价值增值和模仿难度是度量核心竞争力的两个重要尺度。价值增值说明核心竞争力服从于企业的核心目标——利润，但是获取价值增值有多种途径，只有辅之以模仿难度指标，才能从真正意义上体现出企业核心竞争力的强弱。

培育企业核心竞争力是一个不断认识、开发、维持与创新的过程，具体可以从以下两个方面切入。

（1）合理定位。培育企业核心竞争力首先必须对自身有一个正确的认识。“知己知彼，百战不殆。”只有对外部环境、内部条件、竞争对手以及自身的优势和劣势有一个清楚认识，才能对企业的核心竞争力做出合理的定位。对本企业的核心竞争力做出一个合理定位，这是培育核心竞争力的前提条件。

（2）积极开发。企业的核心竞争力并不是无意识的客观存在。从企业核心竞争力的概念中可以了解：它不仅包括物质要素，也包括精神要素；不仅具有有形的刚性，也具有无形的柔性。企业核心竞争力需要人们有意识地去认识、开发，才能获得。开发企业的核心竞争力就要进行制度创新、技术创新和文化创新。

第一，制度创新。制度创新是开发核心竞争力的保证。我国国有企业之所以存在着活力不足和竞争力不强的现状，在很大程度上受到企业制度的束缚和制约，特别是产权不明晰、出资人不到位、法人治理结构不健全、组织和管理不对称等，使得企业无力或无暇顾及和增强自身的核心竞争力。因此，国有企业必须按照“产权清晰、权责明确、政企分开、管理科学”的现代企业制度要求，改造和改革现有和现存的企业制度，使之更科学、更合理、更规范、更现代化，为核心竞争力的培育和提升提供有效的制度保证。

第二，技术创新。技术创新是开发核心竞争力的关键。现代企业制度体现的是企业资源配置的高效性，而这种高效率能否充分发挥，主要依靠核心技术和技术创新。一个企业要形成和提高自己的核心竞争力，必须有自己的核心技术。企业在打造核心竞争力的过程中，必须清楚地了解自己的核心技术是什么。

第三，文化创新。文化创新是开发核心竞争力的基础。企业文化所涉及的领域和影响的范围无不与企业核心竞争力密切相关。企业文化创新就是要围绕新技术革命的挑战和经济全球化、信息化，用新的价值观、新的视野来谋划和构建新的企业文化，使企业真正成为学习型组织和创造型组织，为培育和提升核心竞争力提供全方位服务。

（二）生产率目标

生产率是对一个国家、行业或企业单位使用资源（或生产要素）效率的一种常用衡量标准。企业在生产产品和提供服务时需要使用诸如劳动力等许多生产要素。

生产率表示每单位生产要素能够生产或提供实物产品或服务商品的数量。计算劳动力、设备、能源、原材料等四项生产要素的加权平均数可以得到综合生产要素，每单位综合生产要素生产数量的指标称为全要素生产率（TFP）。

如果说与其他国家或企业相比 TFP 水平比较高，则意味着生产同样数量的实物商品和服务，投入的资源较少。达到这样的目的需要依靠先进生产技术的开发以及高附加价值产品和服务的开发。可以说生产率水平与技术革新具有十分密切的关系。生产率的定义可以用简要的公式表述为：生产率指标的计算既适用于作业单位、企业等微观单位的核算，也适用于行业、国家等宏观经济单位的核算。对企业来讲，生产率直接关系到一个企业的竞争力；对一个国家来讲，生产率水平与人们的生活水平休戚相关。

1．生产率度量类型

生产率可以分别按单一要素投入、两种以上要素投入或全部要素投入来度量。与此对应，有三种生产率度量法：单要素生产率、多要素生产率、全要素生产率，如表 1-1 所示。

表 1-1 不同类型生产率度量法

度量法类型	举例
单要素生产率	产出 / 劳动、产出 / 设备、产出 / 资本、产出 / 能源
多要素生产率	产出 /（劳动＋设备）、产出 /（劳动＋资本＋能源）
全要素生产率	生产的商品或劳务 / 生产过程中的全部投入

单要素生产率是指，每单位某种生产要素能够生产或提供的实物产品或服务商品的数量。诸如劳动生产率、设备生产率、资本生产率、能源生产率等。

多要素生产率是指，多种生产要素（一般是两种或三种，例如，劳动＋设备，或劳动＋资本＋能源）其每一单位所能生产或提供的实物产品或服务商品的数量。

全要素生产率是指，生产过程中全部投入的生产要素，其每一单位所能生产或提供的实物产品或服务商品的数量。例如，在生产过程中全部投入要素为劳动、设备、资本、能源。

2．影响生产率的因素

影响企业生产率的因素很多，主要有资本规模、工艺（或操作）方法、生产技术和管理、产品和服务质量等。

（1）资本规模。先进生产工艺的采用往往都与生产的机械化、自动化程度的提高休戚相关，而机械化、自动化程度的提高又需要有大量的投资，因此资本积累规模直接影响到企业生产率的变化。

（2）工艺（或操作）方法。对生产率的测定和比较都要设定在一定的生产工艺（或操作）方法下。工艺（或操作）方法发生变化，生产率也将发生变化。

（3）生产技术和管理。生产技术包括新工艺、新技术、新能源、新材料的使用对提高生产率具有加速效应。生产技术作为一个活跃的因素，通过对各要素的渗透，使得诸要素无论从量上还是质上都发生根本性的飞跃，为生产率的提高创造条件。

生产技术为生产的发展提供各种可能的途径，对生产的发展起着引导作用。同时，生产技术的发展也推动了管理的科学化，把生产管理的科学化提到了一个全新的阶段。

生产技术对其他生产要素具有提升效应。如生产工具的改进和革新，都要依靠技术进步。在现代化大生产中，科学技术强烈地改变着劳动者本身，改变着人。

科学技术对生产环境具有变革效应。综观人类文明的发展史，科学技术的每一次重大突破，都会引起人们生活、生产环境的变化，并促进社会生产的发展和人类社会进步的加速。当今世界正经历着一场以信息技术为代表的新的技术革命。新技术的普遍应用，正在把世界推进到一个新的时代。这种生活、生产环境变革的结果，必然导致生产率的进一步提高。

（4）产品或服务质量。在质量与经济、社会和企业发展之间存在着一种不可分割的关系，21 世纪的质量概念、质量意识、质量文化、质量战略以及质量在国民经济与社会发展中的地位和作用，都将有深刻的变化。谁不能审时度势，以变制变，谁就会在全球性的新一轮市场竞争中落伍。

进入 21 世纪，质量已成为一个综合的概念，要把经营战略、质量、价格、成本、生产率、服务和人力资源、能源和环境等一并进行综合考虑。即要将质量概念与经济发展可持续化相联系。全新的质量理念告诉人们，研究企业生产率应该融合质量的概念，没有质量就没有数量，也没有企业的生存和发展。

3. 企业提高生产率的措施

（1）对企业所有管理环节的劳动生产率进行测定。在了解各环节生产管理现状的基础上，要正确地测定目前所有运作的生产率。目前的生产率指标是提高生产率的基准，因此，正确地测定当前的生产率也是实施管理控制的第一步。

（2）消除制约生产率的瓶颈。提高生产率并不只停留在某个局部生产率的提高，而是系统生产率提高。企业的管理过程是个有机的系统运作过程，如果企业的管理环节存在着“瓶颈现象”，那么造成某些投入要素需要经过较长时间的等待才能输入，就会影响综合生产率的提高。因此，实现各环节生产率的平衡是十分重要的。

（3）确定合理的目标。确定合理的生产率目标是十分重要的。企业生产率目标不能定得太低，如果定得太低，企业不需要费很大的努力就能实现，就没有奋斗方向，也不可能实现最佳要素利用效果；反之，生产率目标也不能定得太高，即使尽了十分努力还是不能实现，就会使企业丧失斗志，放弃追逐，同样也不能取得效果。合理的生产率目标具有一定的可控性。

（4）团队的协同和激励。企业生产率应该是一个“集合”的概念，它是一个特定组织的目标，因此提高生产率必须强调协同的作用，通过有利于“集合”的激励和制约，来实现生产率的提高。因此，在确定生产率绩效指标的时候，应该反映这一思想。

（三）战略目标

恰当的战略目标对一个企业来说至关重要。在一个精心制定的、符合实际的战略的指导下，企业各部门和全体员工协同一致朝着共同的目标努力，企业就会取得巨大的成功。相反，如果战略制定失当，或各个部门追求各自的目标，则会造成整体资源的巨大浪费，甚至给企业带来灾难。

1. 企业管理战略的概念

企业战略的概念可以从广义和狭义两个方面来进行理解。从广义上说，企业战略包括企业的使命、目标、战略和策略。从狭义来说，企业战略则是指企业为了实现使命和长期目标而制定的一种具有总体性和长远性特征的谋划。

在对企业的战略进行理解时，需要注意：第一，企业战略不是对企业内部和外部环境中短期或非根本性变化的消极反应，而是针对中长期根本性变化的积极反应；第二，企业战略的制定不仅要借助理性思维和逻辑推理，也要借助想象和直觉等非理性的思维；第三，企业战略并不是少数高层领导者的美好愿望，而是企业的共同目标。

管理战略是指企业设计的一套运用自己资源的政策和计划，用以支持企业的长期竞争战略。它的着眼点是企业所选定的目标市场；它的工作内容是在既定目标导向下，制定企业建立生产系统时所遵循的指导思想以及在这指导思想下的决策规划、决策程序和内容；它的目标是使生产系统成为企业立足于市场，并获得长期竞争优势的坚实基础。

2．企业战略的体系

企业战略体系可分为两个层次：公司战略和职能战略。两个层次的战略都是企业战略管理的重要组成部分，但各自侧重点和影响的范围都有所不同。

公司战略又称总体战略，是企业最高层次的战略。它需要根据企业的使命、目标，选择企业可以进入的经营领域，合理配置企业经营所必需的资源，使各项经营业务相互支持、相互协调。如在海外建厂、在劳动成本低的国家建立海外制造业务的决策。

职能战略，是企业职能层次上的战略，主要涉及企业各职能部门，如营销、财务和生产管理等职能部门，如何更好地为整体战略服务，从而提高企业效率。

3．企业管理战略的内容

（1）生产能力计划。企业生产或服务能力所达到的规模，不仅包括对生产或服务能力数量上的需求，同时也包括在种类和时间上的需求。生产能力过大，会影响投资收益率的提高；生产能力过小，又会失去市场机会。因此，生产能力计划是企业管理战略计划的重要内容。

（2）产品的选择。企业在确定目标市场之后，就需要考虑选择生产什么样的产品，提供何种服务，怎样的产品或服务才能占领市场。产品或服务的选择是一项复杂而又重要的决策，它的成败关系到企业的兴衰。

（3）技术水平。生产技术水平的决策直接影响到设备的选择、自动化程度的确定、设备的布置。最典型的例子就是汽车制造。

（4）协作化水平的确定。协作化水平的确定对企业在生产中自制与外购的比例以及协作厂的数量的决策具有决定性意义。企业采取自制政策有利于控制质量、进度，在一定情况下，有利于降低成本，在社会分工和专业化协作水平较低的情况下，企业一般尽量采取自制政策。随着社会分工的日益扩大、竞争的日益加剧和市场的瞬息万变，企业不能在所有方面都做到最出色。所以，企业在加强自身的核心技能的同时，必须联合上下游的企业，发挥各自的优势，实行资源互补。目前，越来越多的企业把非核心的业务，小到零配件、保洁服务，大到整个部门，如物流、制造、客户服务纷纷外包给更富有专业技能的企业来做。外包策略和管理已成为企业管理需要面对的一个重要课题。

（5）工厂设施的设计。工厂设施的设计包括厂址选择、设备布置以及确定生产或服务专业化水平。工厂设施的设计对生产管理的效率有很大影响，如果厂址选择失误、设备布置不当、专业化水平确定欠妥，对企业管理所造成的影响是长期的，有的甚至是不可逆转的。工厂设施的设计与企业的生产类型密切相关，生产类型是单件小批还是大量大批，都会对工厂设施的设计产生影响。

（6）质量管理。从宏观上来说，当今世界的经济竞争，很大程度上取决于一个国家的产品和服务质量。质量水平的高低可以说是一个国家经济、科技、教育和管理水平的综合反映。对于企业来说，质量也是企业赖以生存和发展的保证，是开拓市场的生命线。第一，当今市场环境的特点之一是用户对产品质量的要求越来越高。质量的本质是一种需求，客观上要求企业加强对不良产品的预防、质量监督与控制，把提高产品质量作为重要的管理战略之一。第二，低质量会给企业带来相当大的负面影响：它会降低公司在市场中的竞争力，增加生产产品或提供服务的成本，损害企业在公众心目中的形象等。而稳定的高质量产品会比不稳定的低质量产品拥有更多的市场份额，从而也会给制造商带来较高的利润回报。利益机制必然会刺激企业重视产品或服务质量。

（7）生产计划与物料控制。随着需求的日益个性化，许多企业都纷纷推崇“零库存管理”理念，来降低自身的库存风险，这就给企业带来了更为苛刻的条件，即交货期更短、数量更少、品种更多。于是，企业就努力制定正确的资源利用政策、合适的计划集中程度和计划方法，以加强对企业物流的控制。

（8）劳动力计划。在企业竞争越来越激烈的今天，如何吸引优秀人才、合理安排人力资源、降低人员成本，是提高企业核心竞争力的首要问题。人力资源是企业发展之本的理念越来越被人们所认识和接受。因此，确定在生产管理中所需劳动力的技能水平、制定合理的工资政策以及稳定核心劳动力的措施，日益成为企业生存、发展过程中所需面对的重要战略问题。

三、企业管理的作用

企业组织有三个基本管理系统：财务、营销和生产管理。这三个管理系统和其他辅助管理系统分别完成不同的任务，又相互联系。这三个系统承担着各自独立的职能，但是它们之间又是互相依赖的，正是这种相互依赖和配合才能实现企业的目标。

（一）生产管理

生产管理的实质是在生产要素投入产品或劳务产出的转换过程中发生价值增值。对非营利组织来说，产出的价值即是它对社会的价值，其对社会的贡献度越大，说明其管理效率越高；对营利性组织来说，产出的价值由顾客愿意为该组织提供的产品或服务所支付的价格来衡量，即常言说的优质优价。

（二）营销管理

在市场经济条件下，生产要按照社会的需要来进行。市场需求是经常变化的，用户对产品的要求越来越高。企业要在需求的不断变化中满足用户的需要，就必须及时掌握市场的动态。因此，营销系统必须及时向生产管理系统提供可靠的信息，并积极地为产品寻找市场。生产管理系统要适应营销管理的要求，为其提供适销对路的产品，对营销管理起保证作用。

（三）财务管理

财务管理是以资金运动为对象，利用价值形式对企业进行综合管理。企业的生产管理活动是伴随着资金运动进行的，财务系统要为生产管理所需的物资、技术、设施提供足够的资金，并从费用支出和资金利用的角度来控制生产管理。

管理是企业核心。一个企业产品或服务的创造是通过管理职能来完成的。利用投入，管理水平的提高，在各方面减少消耗、节约资金，又为财务管理系统更好地利用资金、降低产品成本、增加企业利润、实现价值增值提供了重要条件。经过一个或多个转换过程（如储存、运输、加工）可获得制成品或服务。

第二节 企业管理的职能分析

一、决策职能

所谓决策，是指组织或个人为了实现某种目标而对未来一定时期内有关活动的方向、内容及方式的选择或调整过程。这个概念包含四层含义。第一，决策的主体既可以是组织，也可以是组织中的个人；第二，决策要解决的问题，既可以是对组织或个人活动的选择，也可以是对这种活动的调整；第三，决策选择或调整的对象，既可以是活动的方向和内容，也可以是在特定方向下从事某种活动的方式；第四，决策涉及的时限，既可以是未来较长的时期，也可以仅仅是某个较短的时段。

（一）决策的类型

1. 组织决策与个人决策

从决策主体来看，可以将决策分为组织决策与个人决策。

（1）组织决策。组织决策是组织整体或组织的某个部分对未来一定时期的活动所作的选择或调整。组织决策是在环境研究的基础上制定的。通过环境研究，认识到外部环境的变化对组织的存在造成了某种威胁或提供了某种机会，了解到自己在资源拥有和应用能力上的优势和劣势，便可据此调整活动的方向、内容或方式。

（2）个人决策。个人决策是指个人在参与组织活动中的各种决策。个人参与组织活动的过程，实质上是一个不断地做出决定或制定决策的过程。个人决策通常是在无意中提出并在瞬间完成的；而组织决策都是有意识地提出并解决的，常常表现为一个完整的程序。

2. 初始决策与追踪决策

从决策需要解决的问题来看，可以将决策分为初始决策与追踪决策。

（1）初始决策。初始决策是指组织对从事某种活动或从事该种活动的方案所进行的初次选择；初始决策是在基于对内外环境的某种认识的基础上做出的。

（2）追踪决策。追踪决策是在初始决策的基础上对组织活动方向、内容或方式的重新调整。这种调整是由于环境发生了变化，或是由于组织对环境特点的认识发生了变化而引起的。显然，组织中的大部分决策属于追踪决策。

3．战略决策与战术决策

从决策调整的对象和涉及的时限来看，可以将决策分为战略决策和战术决策。“战略”与“战术”是从军事学上借用的术语。前者涉及战争的总体政策或方案，或涉及战斗开始前的方案制订，后者则主要与战斗过程中的具体行动有关。在管理学的研究中，战略决策与战术决策的区别主要表现在以下几个方面。

（1）调整对象方面。从调整对象上看，战略决策调整组织的活动方向和内容，战术决策调整在既定方向和内容下的活动方式。战略决策解决的是“干什么”的问题，战术决策解决的是“如何干”的问题。前者是根本性决策，后者是执行性决策。

（2）时空范围方面。从涉及的时空范围看，战略决策面对的是组织整体在未来较长一段时期内的活动，战术决策需要解决的是组织某个或某些具体部门在未来各个较短时期内的行动方案。组织整体的长期活动目标需要靠具体部门在各阶段的作业中实现，因此，战略决策是战术决策的依据，战术决策是在战略决策的指导下制定的，是战略决策的落实。

（3）作用和影响方面。从作用和影响上看，战略决策的实施是组织活动能力的形成与创造过程，战术决策的实施则是对已经形成的能力的应用。因此，战略决策的实施效果影响组织的效益与发展，战术决策的实施效果则主要影响组织的效率与生存。

（二）决策的过程

一般认为，决策过程可以划分为四个主要阶段：第一，找出制定决策的理由；第二，找到可能的行动方案；第三，对行动方案进行评价和抉择；第四，对付诸实施的抉择进行评价。前三个阶段是决策过程的核心。经过评价阶段，又进入一轮新的决策循环，因此决策实际上是一个“决策—实施—再决策—再实施”的连续不断的循环过程，贯穿于全部管理活动和管理的各种职能活动过程中。

1．发现问题

决策过程的第一阶段，首先要求找出关键性问题和认准问题的要害。要找出为什么要针对这个问题而不是针对其他问题作决策的理由。关键问题抓不准或问题的要害抓不准，就解决不了问题，所作的决策就不可能是合理的、有效的。发现问题是决策者的重要职责。为此，决策者要进行充分的调查研究，分析在特定环境条件下实际已达到的状况与应达到的理想状况的差距，并进一步查明造成差距的原因。

2．明确决策目标

问题找到后，决策者就应当着手确定决策目标。在实际工作中会遇到各种问题，于是就同时存在多个目标。这就要求决策者在需要与可能的基础上分清主要目标与次要目标，战略目标与具体目标。在满足决策需要的前提下，要先解决重要目标，再考虑次要目标，确保战略目标的实现。实践证明，失败的决策往往是由于决策目标不正确或不明确造成的。如果在目标执行的过程中犹豫不决，通常也是由于目标模糊或目标设立不合理造成的。

3．拟订可行方案

方案产生的过程是在环境研究、发现不平衡的基础上，根据组织任务和消除不平衡的目标，提出改变设想开始的；在此基础上，对提出的各种改进设想进行集中、整理和归类，形成多种不同的初步方案；在对初步方案进行筛选、补充和修改以后，对确定的方案进一步完善，并预计其执行结果，便形成了一系列不同的可行方案。可供选择的方案数量越多，被选方案的相对满意程度就越高，决策就越有可能完善。为了使在方案拟订的基础上进行的选择有意义，这些不同的方案必须相互替代、相互排斥，而不能相互包容。

4．综合评价和选择方案

每个实现决策目标的可行方案，都会对目标的实现发挥某种积极作用和影响，也会产生消极作用和影响。因此必须对每个可行方案进行综合的评价和比较，即进行可行性研究。评价和比较的主要内容有三个方面：第一，方案实施所需的条件能否具备，筹集和利用这些条件需要付出何种成本；第二，方案实施能给组织带来何种长期和短期利益；第三，方案实施中遇到风险从而导致活动失败的可能性。

在方案比较和选择过程中，决策的组织者要注意处理好三个方面的问题：第一，要统筹兼顾。不仅要注意决策方案的各项活动之间的协调，而且要尽可能保持组织与外部结合方式的连续性，要充分利用组织现有的结构和人力条件，为实现新的目标服务；第二，要注意反对意见。因为反对意见不仅可以帮助我们从多种角度考虑问题，促进方案的进一步完善，还可以提醒我们防范一些可能出现的弊病；第三，要有决断的魄力。决策者要在充分听取各种意见的基础上，根据自己对组织任务的理解和对形势的判断，权衡各种方案的利弊，做出决断。

5. 检查评价和反馈处理

检查评价和反馈处理是决策过程的最后一个步骤。通过追踪检查与评价，可以发现决策执行过程中出现的偏差，以便采取相应的处理措施进行决策控制。具体追踪处理措施有三种：第一，保持现状，不采取措施；第二，采取措施纠正偏差；第三，修正原决策。到底选择哪一种办法，取决于许多条件。具体地说，如果出现的偏差较小，不致影响决策的全局效果，或纠正偏差需要付出较大的代价或已超出现有的条件，那么往往听任偏差的存在，继续观察；如果对实施结果及偏差原因做出分析后，认为原决策在现有条件下仍然是正确的，或说客观条件的变化还不足以表明具有修正决策的必要，而已经出现的偏差又会影响决策的效果，那么在这种情况下就应采取措施纠正偏差，以保证原决策目标的顺利实现。

以上是对决策过程的一个粗略的阶段划分，不能机械地理解和对待。实际决策运行过程中可能存在各阶段相互交叉的情况，而且在不同的决策中，省略某个阶段也是允许的。

（三）决策的影响因素

1. 环境

环境对组织决策的影响不言而喻。这种影响是双重的，在决策实践中需要根据具体情形来分析和认识。

（1）环境的特点影响着组织的活动选择。就企业而言，如果市场稳定，今天的决策主要是昨天决策的延续；如果市场急剧变化，则需对经营方向和内容经常进行调整：位于垄断市场中的企业，通常将经营重点放在内部生产条件的改善、生产规模的扩大以及生产成本的降低方面，而处在竞争市场上的企业，则需密切注视竞争对手的动向，不断推出新产品，努力改善营销宣传，建立健全销售网络。

（2）对环境的习惯反应模式也影响着组织的活动选择。即使在相同的环境背景下，不同的组织也可能作出不同的反应。而这种调整组织与环境之间关系的模式一旦形成，就会趋向固定，限制人们对行动方案的选择。

2．过去的决策

在大多数情况下，组织决策是对初始决策的完善、调整或改革。组织过去的决策是目前决策的起点。过去选择的方案的实施，不仅伴随着人力、物力、财力等资源的消耗，而且也伴随着内部状况的改变，带来对外部环境的影响。“非零起点”的目前决策不能不受到过去决策的影响。

过去的决策对目前决策的制约程度受到它们与现任决策者的关系的影响。如果过去的决策是由现在的决策者制定的，而决策者通常要对自己的选择及其后果负管理上的责任，因此会不愿对组织活动进行重大调整，而倾向于仍把大部分资源投入过去方案的执行中，以证明自己当初决策的正确。相反，如果现在的主要决策者与组织过去的重要决策没有很深的渊源关系，则会易于接受重大改变。

3．决策者对风险的态度

由于决策是人们确定未来活动的方向、内容和目标的行动，而人们对未来的认识能力有限，目前预测的未来状况与未来的实际状况不可能完全相符，因此在决策指导下进行的活动，既有成功的可能，也有失败的危险。任何决策都必须冒一定程度的风险。

组织及其决策者对待风险的不同态度会影响决策方案的选择。愿意承担风险的组织，通常会在被迫对环境作出反应以前就已采取行动了；而不愿承担风险的组织，通常只对环境作出被动的反应。愿意承担风险的组织经常进行新的探索，而不愿承担风险的组织，其活动则要受到过去决策的严重限制。

4．组织文化

组织文化制约着组织及其成员的行为以及行为方式。在决策层次上，组织文化通过影响人们对改变的态度而发生作用。

任何决策的制定，都是对过去在某种程度上的否定；任何决策的实施，都会给组织带来某种程度的变化。组织成员对这种变化，或抵御，或欢迎。欢迎变化的组织文化有利于新决策的实施，而抵御变化的组织文化则可能给任何新决策的实施带来灾难性的影响。在后一种情况下，为了有效实施新的决策，必须首先通过大量工作改变组织成员的态度，建立一种有利于变化的组织文化。因此，决策方案的选择不能不考虑到为改变现有组织文化而必须付出的时间和费用的代价。

二、组织职能

企业管理的组织职能是一项核心的管理活动，它涉及企业的内部结构、运作方式、工作流程以及人力资源等多个方面。下面将对企业管理的组织职能进行深度阐述。

（一）组织职能的作用

组织职能是指为实现企业目标和使命，通过构建组织结构、明确职责权限、制定工作流程和规章制度等方式，对企业资源进行整合、协调和利用的管理活动。其作用主要体现在以下几个方面：

（1）明确职责和权力。组织职能通过对企业内部的职位、部门和层级进行合理划分，使每个成员清楚自己的职责和权力，有利于实现工作的分工和协调。

（2）优化资源配置。组织职能通过对企业资源的分配、整合和利用，实现资源的最大化利用，提高企业的效益和竞争力。

（3）提高工作效率。组织职能通过对工作流程的优化和改进，减少了工作环节之间的摩擦和延误，提高了工作效率。

促进团队合作：组织职能通过对组织结构的设计和调整，促进了不同部门和职位之间的合作和协调，有利于形成良好的团队合作氛围。

（二）组织职能的主要内容

企业管理的组织职能主要包括以下几个方面。

（1）组织结构设计。组织结构设计是组织职能的基础，它根据企业的战略目标、业务特点和管理需求等因素，确定企业内部的结构形式、组织层级、部门职责和工作流程等。

（2）职责权限划分。职责权限划分是组织职能的核心，它根据组织结构和职位设置，明确每个职位、部门和层级之间的职责和权力，避免职责重叠和权力冲突。

（3）人力资源配置。人力资源配置是组织职能的重要环节，它根据企业的战略目标和人力资源规划，招聘、选拔、培训和评价企业所需的人力资源，并为其提供良好的工作环境和发展空间。

（4）工作流程制定。工作流程制定是组织职能的关键环节，它根据企业的战略目标和业务流程，明确工作流程中的各个环节、工作内容、任务要求和时间节点等，规范企业各项工作的开展。

（5）规章制度制定。规章制度制定是组织职能的保障，它根据企业的管理需求和法律法规要求，制定一系列规章制度，规范企业各项工作的开展和员工的行为。

（三）组织职能发挥的基本策略

1. 建立弹性组织

弹性组织是指能够快速适应市场变化和应对不确定性的组织形式。例如，可以采用扁平化结构、网络型结构等方式，提高组织的灵活性和适应性。这种组织结构的设计与变革应当根据企业的具体情况进行。在快速变化的市场环境中，企业需要不断调整和优化自身的组织结构，以适应市场的需求并保持竞争优势。

2. 优化工作流程

工作流程是组织运行的关键环节，优化工作流程可以减少浪费、提高效率和质量。例如，可以采用精益生产、六西格玛等方法，对工作流程进行不断优化和改进。通过对生产过程进行改进和完善，可以减少生产成本、提高生产效率和产品质量。六西格玛是一种广泛应用于制造业的质量管理方法，它通过采用科学的数据分析方法来识别并解决问题，以达到产品质量的零缺陷目标。

3. 促进跨部门协同

跨部门协同是促进团队合作和提高工作效率的重要手段。例如，可以建立跨部门协同机制、开展跨部门培训和交流活动等，加强不同部门之间的沟通和合作协同机制可以促进不同部门之间的信息共享和协作配合，有利于提高工作效率和质量。同时，开展跨部门培训和交流活动可以增强员工之间的沟通和了解，有利于提高团队合作意识和能力。

4. 强化信息技术支持

信息技术可以大大提高组织的运行效率和协同能力。例如，可以引入企业资源计划（ERP）、供应链管理系统（SCM）等信息化管理工具，使组织的运行更加高效、透明和协同信息技术的发展和应用为现代企业带来了前所未有的机遇和挑战。企业资源计划（ERP）是一种综合性的企业管理系统，可以帮助企业实现资源的统一管理和调配，提高生产效率和管理水平。供应链管理系统（SCM）则是一种应用于供应链管理领域的信息化系统，可以帮助企业实现供应链的优化和协同管理，提高供应链的效率和响应速度。通过引入信息技术支持，可以使企业的组织运行更加高效、透明和协同化。

三、领导职能

（一）领导方式的基本类型

早期对领导方式的分类是根据领导者如何运用他们的职权来划分的，领导方式的基本类型有以下三种：专权型领导、民主型领导和放任型领导。

（1）专权型领导。所谓专权型领导，是指领导者个人决定一切，布置下属执行。这种领导者要求下属绝对服从，并认为决策是自己一个人的事情。

（2）民主型领导。所谓民主型领导，是指领导者发动下属讨论，共同商量，集思广益，然后决策。要求上下融洽，合作一致地工作。

（3）放任型领导。所谓放任型领导，是指领导者撒手不管，下属愿意怎样做就怎样做，完全自由。他的职责仅仅是为下属提供信息并与企业外部进行联系，因此有利于下属的工作。

领导方式的这三种基本类型各具特色、适用于不同的环境。领导者要根据所处的管理层次、所担负的工作性质以及下属的特点，选择不同的领导方式。

（二）连续统一体理论

美国学者坦南鲍姆（R. Tannenbaum）和施米特（W. H. Schmidt）认为，领导方式是多种多样的，从专权型到放任型，存在着多种过渡形式。根据这种认识，他们于 1958 年提出了领导方式的连续统一体理论，列出了七种典型的领导方式。

（1）经理做出并宣布决策。在这种方式中，上级确认一个问题，考虑各种可供选择的解决方法，从中选择一个，然后向下属宣布，以便执行。他可能考虑，也可能不考虑下属对他的决策的想法，但不管怎样，他不给下属参与决策的机会。下级只能服从他的决定。

（2）经理"销售"决策。在这种方式中，如同前一种方式一样，经理承担确认问题和作出决定的责任，但他不是简单地宣布这个决策，而是说服下属接受他的决策。这样做是表明他意识到下属中可能有某些反对意见，他企图通过阐明这种决策给下属带来的利益以消除这种反对。

（3）经理提出计划并允许提出问题。在这种方式中，经理作出决策，并期望下属接受这个决策，但他向下属提供一个有关他的想法和意图的详细说明，并允许提出问题，这样，他的下属可以更好地了解他的意图和计划。这个过程使经理和他的下属能深入探讨这个决策的意义和影响。

（4）经理提出可修改的暂定计划。在这种方式中，允许下属对决策发挥某些影响作用，但确认问题和决策的主动权仍操纵在经理手中。他先对问题进行考虑，并提出一个计划，但只是暂定的计划，然后把这个计划交给有关人员征求意见。

（5）经理提出问题，征求建议，作出决策。在这种方式中，虽然确认问题和进行决策仍由经理来进行，但下属有建议权。下属可以在经理提出问题后，提出各种解决问题的方案，经理从他自己和下属提出的方案中选择满意者。这样做的目的是充分利用下属的知识和经验。

（6）经理规定界限，让团体作出决策。在这种方式中，经理把决策权交给团体。这样做之前，他解释需要解决的问题，并给要做的决策规定界限。

（7）经理允许下属在规定的界限内行使职权。在这种方式中，团体有高度的自由，唯一的界限是上级所作的规定。如果上级参与了决策过程，也往往以普通成员的身份出现，并执行团体所作的任何决定。

坦南鲍姆和施米特认为，上述方式孰优孰劣没有绝对的标准，成功的经理不是专权的人，也不是放任的人，而是在具体情况下采取恰当行动的人。当需要果断指挥时，他善于指挥；当需要职工参与决策时，他能提供这种可能。只有这样，才能取得理想的领导效果。

（三）管理方格

管理方格理论是研究企业的领导方式及其有效性的理论，由美国得克萨斯大学的行为科学家罗伯特·布莱克（Robert R. Blake）和简·莫顿（Jane S. Mouton）提出。管理方格图是纵轴和横轴各九等分的方格图，纵轴和横轴分别表示企业领导者对人和对生产的关心程度。第 1 格表示关心程度最小，第九格表示关心程度最大。全图总共 81 个小方格，分别表示“对生产的关心”和“对人的关心”这两个基本因素以不同比例结合的领导方式（图 1-1）。其中最典型的有五种。

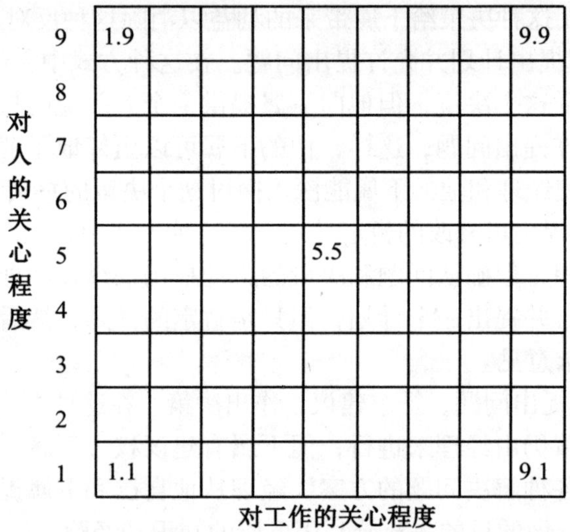

图 1-1　领导方格图

（1）1.1 型。1.1 型为贫乏型的管理。对职工和生产几乎都漠不关心，只以最小的努力来完成必须做的工作。这种领导方式将会导致失败，这是很少见的极端情况。

（2）1.9 型。1.9 型为俱乐部型的管理。在这类管理中，主管人员很少甚至不关心生产，而只关心人。他们促成一种人人得以放松、感受友谊与快乐的环境，而没有人关心去协同努力以实现组织的目标。

（3）5.5 型。5.5 型为中间型管理。这种领导对人的关心度和对生产的关心度虽然都不算高，但是能保持平衡。一方面能比较注意管理者在计划、指挥和控制上的职责；另一方面比较重视对职工的引导鼓励，设法使他们的士气保持在必需的满意的水平上。但是，这种领导方式缺乏创新精神，只追求正常的效率和满意的士气。

（4）9.1 型。9.1 型为任务第一型的管理，领导作风是非常专制的，领导集中注意于对生产任务和作业效率的要求，注重于计划、指导和控制职工的工作活动，以完成组织的目标，但不关心人的因素，很少注意职工的发展和士气。

（5）9.9 型。9.9 型为团队式管理，即对生产和人都极为关心，努力使职工个人的需要和组织的目标最有效地结合，注意使职工了解组织的目标，关心工作的成果。建立职工和企业命运共同体，因而职工关系协调，士气旺盛，能进行自我控制，生产任务完成得极好。

四、激励职能

管理学所谓的激励是指组织激发员工的动机，诱导员工的行为，使其产生一种内在的动力，朝着组织所期望的目标不断努力的过程。我们可以把激励看作满足人的某种需求的过程，需求引起动机，动机产生行为，行为又指向一定的目标。因此，要研究激励问题，就有必要弄清楚需求、动机和行为这三者之间的关系。

心理学家发现，人们之所以会产生某种特定的行为是因为有动机。人们从事某项工作积极性的高低，完全取决于去做这项工作的动机以及动机强弱的程度。

动机（Motivation）是指推动个体采取行动的内部驱动力，这种驱动力是由需求没有得到满足而产生的紧张状态引起的，它是一种内在的力量。从心理学的角度来讲，动机是由需求引发的。人之所以愿意做事，是因为做这件事本身可以满足其个人的某种需求。这里的需求，是指人们对某种目标的渴求和欲望，包括基本的需求，如生理需求和物质需求，以及高层次的需求，如社会需求和精神需求。因此，需求、动机和行为之间的关系可描述为：行为是建立在需求和动机的基础上的，需求使人产生某种动机，动机诱发人们采取某种行为。

美国心理学家马斯洛（Maslow）于 1943 年提出了著名的需要层次理论。马斯洛认为，人的需要可分为五个层次，即生理需要、安全需要、社会需要、尊重需要和自我实现需要。这五种需要的具体含义如下。

（1）生理需要是人最原始、最基本的需要，它包括衣、食、住、行等方面的生理需要。

（2）安全需要是有关免除危险和威胁从而获得安全感的各种需要。它包括人们对人身安全、工作和生活环境安全、就业保障、医疗保障、养老保障、工伤保障等的需要。

（3）社会需要主要包括社交的需要、归属的需要以及对爱与被爱、友谊和被接纳的需要。

（4）尊重需要分为内部尊重需要和外部尊重需要这两个部分。内部尊重需要指的是人们对自尊、自主和成就等的需要；外部尊重需要指的是人们对来自外部的认可、关注和地位等的需要。如果人的这种需要得不到满足，就会产生自卑感，从而失去自信心。

（5）自我实现需要是最高层次的需要，是个人为实现理想和抱负，最大限度地发挥个人潜力的需要。

上述五种需要是按从低级到高级的层次组织起来的，只有当较低层次的需要得到了满足，较高层次的需要才会出现并要求得到满足。一个人生理上的迫切需要得到满足后，才能去寻求保障其安全；也只有在基本的安全需要获得满足之后，社会需要才会出现，并要求得到满足，以此类推。马斯洛写道："假如大部分时间我们都饥肠辘辘，假如我们不断地被干渴所困扰，假如我们连续地受到一个始终迫在眉睫的灾难的威胁，或者，假如所有的人都恨我们，我们就不会要去作曲、发明数学方法、装饰房间或者打扮自己。"

马斯洛并没有说人在较低层次的需要完全得到满足之后，才会产生高一层次的需要，而只是说，人的各种需要存在高低顺序，或者说各种同时出现的需要中存在优势需要。就一般情况而言，只有在比某一层次需要的更低层次的需要得到满足或部分得到满足后，该层次的需要才会成为优势需要。人作为有欲望的动物，其行为受需要所驱使，但需要什么取决于已经有了什么，只有未被满足的需要才影响人的行为。换句话说，已经满足的需要，不再是优势需要，也不再是行为的决定性力量。

马斯洛需要层次理论由于其直观和易于理解而得到了广泛的认可，尤其是在从事实际工作的管理者中得到了广泛的应用。该理论为思考需要和动机提供了一种有用的结构，但是也有其局限性。首先，它具有简单化的倾向，忽略了需要强度的因素。此外，马斯洛需要层次在跨国文化中或许是不一致的。有研究支持在东方文化中有不同的需要层次，更多地强调注重社会需要以及所属群体的需要，较少地注重自我需要以及自我实现。不同的文化对自我有着不同的概念，而对自我的概念有可能影响他们对自我实现的注重与否。同时，这一理论缺乏实证基础，没有支持其假设的验证性材料。

马斯洛的需要层次理论虽然存在一定的局限性，但是在实际的管理工作中还是具有很高的应用价值。管理者必须清楚下属的主导需要是什么，如对一个家境富裕的员工来说，奖金的激励作用往往不如职位上的晋升更有效；而对于另一个员工来说，情况可能恰好相反。所以管理者在管理工作中可以应用马斯洛的需要层次理论，明确员工的主导需要，并制定有针对性的激励措施。

第三节　传统企业管理的时代挑战

“传统”的企业管理理论，是基于劳动、实物、资金生产要素，以企业自我为中心，是封闭的管理过程；在数据成为重要的生产要素之后，对企业管理的影响是全方位的，企业管理也改变为以客户为中心，是一个开放的过程。在大数据的加持下，运营管理、营销管理、人力资源管理、财务管理等各个管理环节，以及企业的商业模式、组织架构、内部工作模式等都发生了一些重要变化。

一、运营管理面临的挑战

（一）产品研发：从内部研发驱动到用户需求驱动

在过去，市场需求较为同质，产品研发模式是封闭式的，企业按自己的理解的“创新”而创新，产品设计并不一定能被消费者认可。在消费者需求逐渐多样化背景下，不确定性进一步增加，传统的研发模式已不能适应实际。而大数据技术可对消费者行为数据进行收集、分析，预测消费者需求，从而对产品进行更有针对性的创新。同时，根据消费者评价、复购等实时数据反馈，产品研发人员可以动态地调整产品设计。大数据技术显著增加了研发团队的市场敏感度，降低研发失败的风险，缩短研发周期。

（二）生产制造：从标准化生产到个性化定制

工业经济时代，管理的目标是追求高效率、低成本，是“以生产为导向”的大规模、标准化生产方式。随着消费者需求不断升级，产品的个性化需求已成为趋势，大数据使得大规模、个性化定制的生产方式成为可能。可以结合订单情况对生产资源进行合理配置、对生产流程进行动态优化，有效降低了柔性生产线的运作成本，降低客制订单的价格，实现产品的大批量、高度个性化定制。

（三）质量管理：从被动解决到主动预防

过去的质量管理经常以被动解决问题为立足点，实行结果管理，是一种消极被动的管理方法，难以发现问题的根本原因。而基于大数据的质量管理可以变被动为主动，通过大数据分析可以预测出在什么样的参数组合下出现次品的可能性最大，并且由系统自动做出预警或者调整，从根源上预防次品的产出。

（四）供应链管理：从低效沟通到高效协同

在传统管理模式下，供应链各个环节企业存在严重的沟通壁垒，沟通方式老旧（EDI、电话、E-mail 等）导致效率低下。供应链层级较多，结构松散，节点企业分别制订各自的运作计划，导致供应链中的数据散落在各个组织内部，形成信息孤岛，削弱了供应链中不同组织间的有效协作。如果建设数字化协同平台，供应链合作企业之间可以实现实时数据共享、信息交换，打通供应链上下游，实现端到端的可视化，各项决策更多依赖上下游企业的数据作出，促进供应链成员之间从战略到战术的协作与规划，共同感知客户需求，提升供应链的协同管理能力，降低了供应链运营的总成本。

二、营销管理面临的挑战

营销行为从单向推销转变为双向互动。传统营销由企业主导，消费者“被动”接受，消费者真实需求与产品之间存在一定的差异，需求无法得到有效满足。大数据分析可以看到各类消费群体在不同时间段对产品的反馈，及时调整，促进企业与消费者之间的双向互动。

营销模式从粗放营销到精准营销。工业化时代“广而告之”的粗放式营销无法满足消费者个性化需求，也无法精准衡量营销效果。大数据可以深入营销的各个环节，大数据分析技术可以将非结构化的数据进行处理，对消费者的消费行为、消费心理进行分析，从而精准获取每位消费者的消费需求，进而指导企业进行精准化营销、差异化推荐。

营销模式从交易营销、关系营销演进到科学营销。传统的市场营销理论（如 4C、4P、STP 等），以经济利益最大化为目的，注重营销的交易性。之后的营销管理从交易营销转向关系营销，注重与顾客建立和维持长期合作关系。大数据时代，关系营销开始转向以行为、情绪等数据为核心的科学营销，依赖于数据分析而不是经验判断做出科学的营销决策。

三、人力资源管理面临的挑战

传统的人力资源管理中，对员工招聘、离职倾向的预测更多依赖于HR的经验与主观判断，为员工设计的培训、薪酬、绩效管理等方案也是一揽子计划。大数据技术一方面可通过对员工过往工作经历、工作表现等数据的分析，预测员工的工作表现和离职倾向，排除主观判断的干扰，实现精准的“人岗匹配”，另一方面，大数据技术通过对员工工作表现、个人经历、情绪数据的分析，可以为员工制订个性化的培训计划和薪酬体系，并且可以为管理者提供科学、个性化的考核决策。

四、财务管理面临的挑战

利用大数据技术，可以快速对数据进行分析，便于及时发现内部存在的问题，降低财务风险，使得财务管理更加稳健。通过大数据挖掘技术，可以提炼出更多有价值的财务及行业其他信息，判断市场形势和未来行业走向，为决策提供财务数据支持。此外，大数据技术可以进行跨系统的复杂运算，让预算更加快速、准确，提高了财务管理效率和质量，降低了财务风险。

五、战略管理

大数据帮助企业制定出更加科学的战略决策。传统的战略管理模式以机械、静止的视角看待事物，通过经验分析历史，预测未来。借助大数据可以分析宏观环境，剖析行业发展，全面对比分析竞争对手；借助于大数据和人工智能可以更为科学地预测行业发展，挖掘出自身的核心竞争力，突破个人和组织的认知局限，从而制定出更加科学合理的发展战略。

从以上可以看出，在大数据成为重要的生产要素，驱动经济发展的背景下，传统的管理理论和方法受到了重大挑战。

第二章　大数据与企业管理

第一节　大数据的系统认识

一、大数据的概念

大数据最早起源于计算机行业，是指在一定时间内无法用常规软件进行分析的数据，其具有数据量大、信息繁杂的特点。大数据分析需要处理能力强、流程简化的高效处理方式才能进行分析。由于大数据信息含量高，对问题分析更加全面和准确，在社会各个领域中得到广泛应用。大数据分为结构化数据、非结构化数据两种类型，结构化数据所占比例在 80%~90%之间，且这一比例逐年增加。大数据是互联网发展到一定阶段的产物，其分析能力正在逐渐增强。目前，云计算、云数据正逐渐替代大数据，实现数据分析方式的转化。总之，大数据和云数据正在被社会各个领域所应用，为各个行业的发展和创新提供支持，推动整个人类社会的发展。

麦肯锡全球研究所对大数据进行定性，认为它是一种规模大的数据，其数据收集范围超出传统软件的分析能力，是一种海量性的数据内容，可以通过快速的数据流转，实现多样化数据类型的价值密度分析。同时，大数据与传统数据一样，需要经过获取、存储、管理和分析等环节，才能实现数据的后期研究。

有人把数据比喻为蕴藏能量的煤矿。煤炭按照性质有焦煤、无烟煤、肥煤、贫煤等分类，而露天煤矿、深山煤矿的挖掘成本又不一样。与此类似，大数据并不在“大”，而在于“有用”。价值含量、挖掘成本比数量更为重要。对于很多行业而言，如何利用这些大规模数据是赢得竞争的关键。大数据的价值体现在以下几个方面。

（1）为大量消费者提供产品或服务的企业可以利用大数据进行精准的营销活动。

（2）做“小而美”模式的中小微企业可以利用大数据做服务转型。

（3）在互联网压力之下必须转型的传统企业需要与时俱进，充分利用大数据的价值。

在这个快速发展的智能硬件时代，困扰应用开发者的一个重要问题就是如何在功率、覆盖范围、传输速率和成本之间找到那个微妙的平衡点。企业组织利用相关数据和分析可以帮助他们降低成本、提高效率、开发新产品、做出更明智的业务决策等。

不过，“大数据”在经济发展中的巨大意义并不代表其能取代一切对于社会问题的理性思考，科学发展的逻辑不能被湮没在海量数据中。著名经济学家路德维希·冯·米塞斯（Ludwig von Mises）曾提醒过：“就今日言，有很多人忙碌于资料之无益累积，以致对问题之说明与解决，丧失了其对特殊的经济意义的了解。”这确实是需要警惕的。

二、大数据的特征

（一）规模性（Volume）

媒体报道显示，2019 年互联网每日产生数据量达 1.67×10^4 MB，这一数据是 2018 年同时期的 10 倍。同时，相关数据显示，在 2022—2025 年互联网每日产生的数据将呈现指数级增长，未来每日产生的数据量将达到惊人的 0.75 ZB。互联网每日产生的惊人数据量，也预示大数据技术的应用迫在眉睫。

（二）多样性（Variety）

现代社会的传感器、智能设备还有其他技术都在不断发展。在这种大环境下，企业的数据也就变得日益复杂，因为这牵涉的内容众多，不仅包括数据，还包括网页、搜索条件、电子邮件等新型数据形式。这些数据并非是全新的，有一些是从过去就保留下来的，与过去有所不同的是，不仅仅需要对这些数据进行存储，还需要分析这些数据，从所有的信息内容中获取有价值的信息，如监控摄像头中的视频数据。

许多企业都设有监控摄像头，如超市、便利店等，起初是为了防范盗窃，现在，企业利用监控摄像头的数据分析顾客的购买行为，用来制定有针对性的营销策略。

（三）高速性（Velocity）

大数据每日产生的数据量惊人，其数据来源涉及社会的各个领域，并通过互联网进行传输。简单地说，在如今的网络时代，每个人每天都会产生大量的数据，进而构成海量的大数据资源。对海量的大数据进行处理，需要较为深入的数据处理技术和较高的成本。部分平台为了保持自身的性能，需要定期对缓冲数据、不用数据进行处理。基于上述原因，大数据的处理要求速度快、信息处理准确。所以说，在大数据背景下，能够从海量数据中挖掘有价值资源，及时且准确地获得有用信息，是目前海量信息处理的要求。

（四）价值性（Value）

一般来说，大量的非传统数据中会含有一些很重要的内容，不过很麻烦的是，如何在万千的信息中选择出有意义的内容，之后提取这些数据进行分析，从中得到有价值的信息内容。有价值的内容信息也只是很少的一部分。这就相当于沙里淘金。举个例子，现在，监控视频运用得越来越多，许多公共场所都装有监控设备，如银行、地铁等地点，并且这些地点的摄像头是24小时时刻运转，产生的视频数据很大。通常来说，这些视频数据基本上是没有作用的。大家对此不会过多地关注，但是在某些特殊情况下，如公安部门需要获取嫌疑人的信息，虽然有效的视频信息很短，但是却给公安人员带来极大的帮助。因为监控视频中不知道哪几秒是对大家有用的，所以需要全部保留下来，在以后可能就会发挥很大的作用。在研究人类行为的社会学家眼中，这些监控视频数据是很重要的资料。从这些视频数据中某些表现可以发现人类的行为特征，通过将这些数据重新组合和处理，挖掘之前没有发现的社会价值，促进社会的发展和进步。

大数据与传统数据的概念是不同的，最明显的区别就在于大数据的“4V”特性。之前的“海量数据”概念只强调量，而大数据不仅仅描述数据的量，还表现数据的规模、高速性以及复杂的形式，需要通过专业化的处理来获取有价值的信息。

三、大数据技术分析

实质上，大数据技术是从海量信息中搜索到有价值的信息，兼顾信息分类和搜索双重功能的技术。由于大数据在当前受到广泛关注，因此相关新技术不断涌现。

此外，这些技术将很快面世，甚至某些技术也已成为当前大数据收集、存储和分析的重要工具。

（一）大数据处理技术

1．大数据挖掘与分析

正确使用大数据处理技术可以适当地整理原始的大量数据，这可以为人类社会的发展做出更重要的贡献。当将大数据环境中的数据与样本数据进行比较时，前者方法的多样性和动态一致性就可以显现出来，比后者更具价值。大数据分析和挖掘技术提高了数据的质量和可信度，有助于理解数据的语义并提供智能查询功能。也正是由于这些数据挖掘算法的存在，可以加快大数据的处理速度。

2．大数据收集、预处理与集成

（1）大数据收集。大数据收集是指使用多种方法获得结构化或半结构化数据（此数据也可以称为结构化较弱的数据）和大量的非结构化数据。数据的收集方法主要通过传感器、无线摄像装置以及其他网络和移动传输终端。大数据处理的前提是海量数据，而海量数据主要来自各种数据传感器。大数据要先对传感器中的数据进行分类和归纳，然后对其进行预处理和汇总集成。

（2）大数据的预处理和集成。所谓的数据预处理和集成是对收集到的数据以及进一步集成的存储进行适当的处理。大数据的预处理技术是对数据的标准化处理，实现不同类型数据之间的转换、数据存储等，是进行大数据应用的基础。

（二）大数据存储技术

目前，大数据时代中的数据已经达到了 PB①级别，部分数据的容量已经达到 EB 级别，充分说明数据的巨大。简而言之，大数据的出现和数据结构的改变都严重挑战着常规技术的数据存储与管理。

大数据存储与管理是在大数据处理当中首要考虑的问题。一般人们会在大规模集群的环境中采用可扩展的分布式存储技术，以此来提供极为强大的数据存储与并发访问能力。对于复杂问题的解决即其技术特点，它的主要步骤是将原本大的任务分解成诸多小任务，然后通过允许多个处理器或多个计算机参与计算来解决各种问题。

---

① PB 是数据存储容量的单位，等于 2^{50} 个字节，为 1024 TB。下文的 EB 同为数据存储容量的单位，等于 1024 PB。

对于 Google 而言，现有解决方案无法再满足大量数据的存储需求。为了解决此问题，Google 依据实际的应用情况开发了分布式文件管理系统，利用分布式处理器进行数据分析。分布式处理器可以为计算框架提供基础数据存储和数据可靠性保证。分布式文件管理系统具有与传统分布式系统相同的许多，例如可伸缩性、稳定性等。分布式文件管理系统与传统的文件管理系统不同，其主要在设计理念上进行创新。组件故障是正常现象，而不是系统的例外情况。但是，基于施加的负载和技术环境的影响，分布式文件管理系统可以利用其自身优势，在大数据时代广泛使用。

（三）大数据应用技术

1．云计算及其编程模型

目前，Google 和 IBM 已经将云计算系统应用到大学校园，并制订了云计算计划。可以提供灵活、动态的 IT 平台，并且可配置的软件也可以带来良好的效果。

云计算实际上是通过资源共享和分布式配置，满足多方的访问需求，并为访问者提供最佳的访问策略。只要有人在场，就可以将管理工作集中在一起，从而迅速提供资源。这些资源来自网络或服务器、存储或应用程序软件，可以快速部署。

2．大数据获取

在大数据时代，当前正在生成大量数据。在不同的路径上以不同的方式连续接收和记录此数据。以下是收集大数据的五种常用的方法。

（1）传感器技术。近年来，无论是在道路建设、医疗机构，还是在个人工作和住宅区，传感器技术的发展已逐渐成为一种趋势并且无处不在。传感器的日益普及也大大增加了数据的收集数量。

（2）Web2.0 技术。Web2.0 的发展与各种应用技术的不断进步紧密结合。人们在大量网站上点击或交流促进了大数据的形成，这无形地改变了人们的日常生活模式。

（3）条形码技术。在当今社会，条形码等嵌入式身份信息的使用已彻底改变了零售业。扫描条形码和身份信息后，可以将其与数据库中的身份信息进行快速比较以获得产品价格、性能以及制造商信息。

（4）射频识别技术。与条形码相比，射频识别不仅可以延长工作距离，而且比条形码更易于使用标签，是可同时收集信息的移动阅读器。它主要用于仓库管理或库存控制。

（5）移动终端技术。当前，随着信息科学和技术的不断发展，很长一段时间以来，诸如手机或平板电脑之类的移动设备已经无处不在。随着网络宽带的飞速发展和集成电路的不断完善，人类已逐渐真正感受到大数据的便捷。

3．大数据可视化

可视化技术不仅可以快速有效地简化和完善数据流，还可以为用户提供大量交互式过滤的数据，以便用户可以更快、更好地从复杂数据中获得新发现。在科学计算领域，使用图形显示结果是用户最理想的方式。目前，比较常见的可视化技术为标签云技术、历史流技术和其他不确定性分析技术。

第二节 大数据对企业管理的影响

“互联网+”时代背景下的生产、消费和生产消费关系的变化，让我们看到要面对的新问题。第一，竞争对手是谁。第二，竞争规则是什么。以前我们很熟悉，但是现在新的态势下，生产关系重建了，消费关系重建了，生产消费关系连接重建了。第三，如何重塑企业的竞争力，这是比较典型的传统行业要面临的问题。怎么解决这些问题?

要克服上述挑战，要明确大数据现代企业管理的影响才能针对性地采取措施，才能找到挑战企业的竞争对手，了解企业的竞争规则，重塑企业的核心竞争力。

一、影响和改变企业决策模式

很多企业在历史上很成功，所以管理者作决策很多时候是靠经验、靠专家。招聘也一样，尤其是 IT 行业的招聘，工作二十年、十五年，经验比较丰富，做过 SID，录用了。以前我们认为经验越足，决策就越正确越理性。但现在新的时代，竞争已经和以前不一样了，很多新出现的事物没有经验可言，那就拍脑袋、拍胸脯吗？不，那就通过数据、通过理性的东西来分析。因为这是客观理性的决策方法，特别在我们不知道该怎么做的时候，就要依赖数据。

二、启发企业的高维思考

企业信息化是一个运用信息技术对内优化、固化和重塑企业流程，提升竞争力、对外再造用户关系、巩固市场地位的过程。信息技术是重要手段，但不是最终目的，最终目的还是提升企业竞争力，赢得用户和市场。

企业信息化建设成功与否的一个重要衡量标准，便是信息、数据是否能够集成和共享，从而使关键数据能准确、及时地交付到相应的决策者手中，并辅助其在瞬息万变的市场环境下作出最优决策。如果说企业的各个职能部门就像身体的各个器官，那么信息化所带来的 IT 基础设施、信息系统便是器官内的组织、血管，而数据则是血管中奔流的血液。

企业信息化往往从解决部门层面的需求开始，如财务部门解决基本电算化问题，销售部门解决用户、订单信息记录问题，生产制造部门解决工单的生成、派发问题等。随着企业的发展和信息技术的成熟，跨部门、跨业务、跨地域的需求逐步涌现，信息化也上升到企业更高、更复杂的层面。反过来看，如果企业信息化并未能够在整个企业层面跨部门、跨业务、跨地域地整合系统、流程数据，就会催生出一个个“信息孤岛”，虽然提高了部门层面的效率，却不能保证数据的有效共享和利用，难以改善整个企业的效率和实现企业管理的一体化。

因此，信息化需要全局规划、局部落地，并全面打通信息流、数据流，对数据进行充分挖掘，最大程度地实现信息化的价值。站在企业的全局层面、跨越所有部门，在信息技术迅速发展、企业信息化加速推进的大环境下，数据的生成与流动使其在企业各个部门的影响力与日俱增。

三、数据思维，助力企业发展新机遇

大数据就像望远镜，通过大数据，企业每天在发生什么，每小时在发生什么，卖了多少东西，收回多少钱，都看得很清楚。管理者可以在五点看到四点所有的销售数据：有多少用户进来，买了什么东西，库存是多少，价廉物美的商品是多少，这就叫望远镜。还有显微镜，可以看得细，以前一个月汇报一次，做得怎么样，为什么这样，也不知道是真是假。显微镜可以看得很细，为什么市场营销活动失败了，以前要一周以后才知道。如果有大数据，管理者当天就能看到，当时就能够知道多少人接受了促销、尝试了购买，都能看得非常详细。这就是数据的作用，用数据支持决策，更理性、更有针对性。

第三节　大数据时代企业管理的变革

随着大数据技术的快速发展，大数据技术在企业管理中获得广泛应用，其应用范围逐渐渗透到企业的流程设计、组织架构和供应链管理中，并在企业管理中发挥着越来越重要的作用。但是，需要指出的是，随着企业的发展壮大和企业数据的膨胀，传统的流程设计、组织架构与供应链管理模式，制约了企业有效利用数据和快速的反应能力，办事效率日益低下，行动越发迟缓，成本逐渐高涨，不利于企业的竞争。因此，企业需要利用大数据技术对传统的流程设计、组织架构与供应链管理模式进行彻底的改造，从而解决企业不断出现的管理问题。

一、业务流程变革

传统工业时代下，企业内部采用的是将一项完整的工作分成不同部分、并由各自相对独立的部门依次进行工作的工作方式。随着大数据技术快速发展和广泛应用，信息技术改变了这种工作方式，并产生了业务流程再造的主张，即必须从根本上转变观念，改造和重组企业内部的工作方式和业务流程，是实现以最直接、最便捷的方式来满足顾客日益个性化的需求。

在传统分工原则下，企业过度注重把工作分解为最简单和最基本的步骤，追求内部业务流程的完美性，虽然使每一道工序的工作简单化了，但是整个工作流程需要横向贯穿多个职能部门，组织内部门间的交流、协调十分缓慢，存在大量无效的工作。同时，由于信息传递线路较长，信息失真的可能性增加，导致企业决策准确率和效率普遍低下，对市场变化反应滞后。各分工部门以自我为中心的利己思想，忽视企业整体利益，忘记顾客真正的需求，造成服务质量下降，组织机构臃肿，官僚作风严重。因此，要克服传统分工作业的局限，必须对工作流程进行根本性的重新思考并彻底改革。

在这种情况下，美国管理学家哈默和钱皮提出业务流程重组（Business Process Reengineering，BRP）理论，他们认为企业不应该往过时的流程里嵌入计算机系统，而应该抛弃旧流程，重新开始。企业应当“再造”业务：利用现代信息技术的力量，从根本上重新进行流程设计，进而在流程产出的关键上，如成本、品质、速度和服务等获得显著化的改善。哈默和钱皮创造性地提出了“合工”的思想，将被分割得支离破碎的企业流程按照全新的思路加以改造，重新整合原本属于一个业务流程的若干个独立操作，从而获得适应网络大数据时代的高效率和高效益。

需要指出的是，在早期的业务流程再造过程中，企业应用大数据技术的焦点是大数据技术本身的功能。随着大数据技术的发展，计算机网络兴起并广泛应用，导致业务流程再造由企业内部向企业外部延伸，继续将焦点放在大数据技术上，往往造成业务流程再造的失败，因此，业务流程再造过程中不能忽略人的重要因素，信息技术已不再是焦点，它将成为与组织管理同等重要的协同因素。也就是说，业务流程再造过程，大数据技术应用不仅仅是技术问题，而是管理问题。

二、管理组织变革

大数据技术是促动组织变革的根本驱动力。最早的计算机架构以大型机和小型机为中心，界面不友好，空闲时会浪费计算资源，无法激发用户的主动性。这些缺点，正适应了工业时代典型的组织管理方式——命令与控制。随后的“客户/服务器”计算架构，一大缺点是难以应对大量用户的并发请求，这其实刚好反映出了 20 世纪 80 年代（PC 机）赋能了的员工与企业集中管理体制之间的矛盾。到了今天，在“云（云计算）+网（互联网）+端（智能终端）”的计算架构下，开放性、分布式、对等性等技术特征，必然也会映射到组织的管理之中。

（一）组织结构的变革

组织结构一直处于不断的发展之中。从其发展来看，最初，信息系统的应用改变了组织中的信息传递方式。在传统工业时代，企业由于管理幅度的限制，采用金字塔式的层级结构，信息传递为单向的“一对多式”。采用大数据技术之后，信息传递转变为双向的“多对多式”，使得下级工作的完成情况能通过信息网络系统及时并准确地反馈给上级，增强了上级对下级的有效控制力度，从而拓宽了上级的管理幅度，使原来依赖更多层级才能完成的管理任务现在只需较少管理层级就能完成，从而减少了企业的层级。

随着（移动）互联网的发展，消费者的个性需求正在形成一个动态的需求的网络；企业间的协作也走向了协同网的形态。单个企业组织的内部结构，被倒逼着要从过去那种以每个部门和岗位节点职能为核心的、层级制的金字塔结构，转变为一种以满足消费者个性化需求流程为核心的、网状的结构。在互联网和云计算的支持下，组织的外显结构趋向“大平台+小前端”，即通过以后端坚实的云平台，去适应前端的动态创新，并以“内部数个小前端”去实现与“外部多种个性化需求”的有效对接，形成“大平台+小前端”的组织结构。当然，这对传统的管理理念、管理模式和组织架构提出了巨大的挑战，这种组织结构已经成为现代企业组织变革的“原型”结构。“大平台+小前端”是一种外在、显性的静态结构，内在的、隐性的动态结构则是组织的动态网状化，也就是说，组织内在结构会呈现扁平化和网状化。

（二）组织边界的模糊

电子商务和网络化应用促成企业寻求更大范围的合作，使企业的经营活动不再受到时间和空间的限制，因此一种新的企业运作模式——虚拟企业（Virtual Enterprise）这一形式应运而生。虚拟企业是一种由供应商、客户，甚至同行业的竞争对手组成的临时网络组织，它们通过大数据技术组成一个有机整体，以达到共享技术、共担成本并可以进入彼此的市场以及满足市场需求的目的。这种虚拟企业的特点是无办公中心，也不设定组织章程；无等级制度，也无垂直体系，企业的传统边界出现模糊。

在网络大数据时代，（移动）互联网降低了企业的内部管理成本和外部交易成本，且外部交易成本下降得更快。所以“公司”这种组织方式的效率大大降低，“公司”和“市场”之间的壁垒被打破，组织边界呈现开放化的趋势。从价值链的层面来看，研发、设计、制造等多个商业环节，都出现了一种突破企业边界，展开社会化协作的大趋势；从企业与消费者的关系来看，此前的模式是由企业向消费者单向地交付价值，而在C2B模式下，价值将由消费者与企业共同创造。如消费者的点评、参与设计、个性化定制等；从产业组织的角度来看，越来越多的产业在走向“云平台+小前端”的组织方式。也就是说，在很多产业里，众多小型机构，事实上已经把自身的很多职能留给了平台，催化出了更多专业的服务商，从而实现了社会化的大分工。

（三）组织规模的变革

在互联网时代，（移动）互联网降低了组织内部协作成本和外部协作成本，且外部协作成本下降得比内部协作成本更快，进而再一次加速了企业“小微化”的趋势。随着平台技术、商业流程、数据集成度的不断提高，小前端企业的“大而全”已经越来越没有必要了。从根本上来看，在传统工业时代，企业追求的是“单品种、大批量”的规模经济，这也决定了企业的组织规模朝着极大化的方向发展；在网络大数据时代，为了满足消费者日益个性化的需求，企业追求的是“多品种、小批量”的范围经济，而且这种范围经济正在很多个行业里不断扩展自己的空间，这导致更多的组织规模相应地逐步走向小微化。

总的来看，一方面是由于大数据技术的极大进步为企业“小微化”提供了可能性；另一方面是由于信息网络时代下，消费者日益个性化的需求导致企业不得不追求“多品种、小批量”的范围经济，从而导致企业“小微化”的必要性。企业规模小微化过程，如图 2-1 所示。

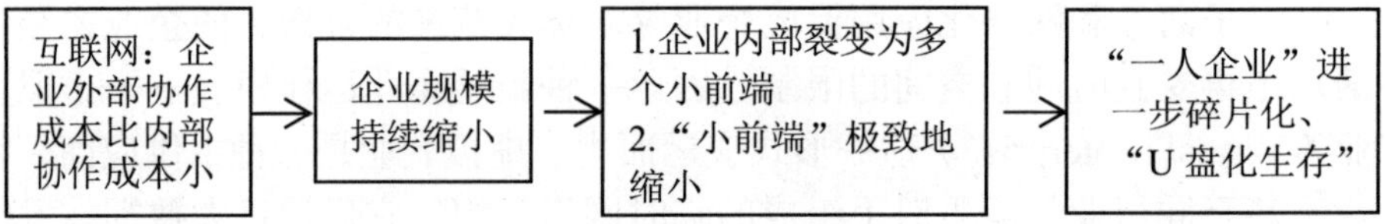

图 2-1　企业规模小微化过程

三、供应链变革

供应链是围绕核心企业，通过对信息流、物流、资金流的控制，从采购原材料开始，制成中间产品以及最终产品，最后由销售网络把产品送到消费者手中的将供应商、制造商、分销商、零售商，直到最终用户连成一个整体的功能网链结构。供应链管理的目的是实现供应链上各节点企业之间的协调运作，其基础是企业高质量的信息传递与数据共享，因此，有效的供应链管理离不开大数据技术的支持。

大数据技术的应用有效地推动了供应链管理的发展。从其发展来看，最早是一些商务信息系统在供应链管理中的应用，这种信息系统能起到两个作用：第一，可以快速反馈供应，实现准时制造；第二，可以快速高效地进行高级商务文档处理，其目的是“套牢”顾客和供应商，使企业能够与顾客和供应商之间形成紧密联系，从而提高了供应链管理的运行效率。

进入 20 世纪 90 年代以后，随着 EDI 技术的应用，基于 EDI 的供应链信息集成系统出现，一方面，它将 EDI 和企业的信息系统集成起来显著提高企业内部的生产经营管理水平；另一方面，它通过将供应链上各个不同节点企业进行组织和集成，以达到提高整个供应链的效率的目的。

随着互联网的兴起，导致企业内部的工作模式和相互间的工作方式发生了巨大的变化，人们重视供应链管理的目的也从单纯的成本减少和效率提高转移到了更好地为顾客提供优质服务、增加顾客的数量和最大化提高收入上去。也就是说，供应链管理模式由传统的以生产商产品为中心的推动型转换为以顾客需求为中心的拉动型（即订单驱动的运作模式），这无疑对传统的供应链管理提出了新的要求。在网络大数据时代，企业越来越认识到，企业之间的竞争，不再是产品之间的竞争，而是供应链之间的竞争。因此，对核心企业来说，供应链变革极为迫切，而变革的具体内容表现在以下几个方面。

（1）信息流响应要快速而高效。拉动型供应链必须满足的要求是企业内部的信息流动一定要快速而高效，采购、生产等职能可以在信息的驱使下自动化运作，从而有力地保障相关的库存被控制在最合适的水平。信息流响应快速高效的目的也是快速反应市场变化的需求。

（2）联动效应要淋漓尽致。在顾客需求不断发生变化的前提下，对销售的预测也要发生相应变动，这种情境下，相关的生产部门要按照每月、每季度的动态性预测进行产能的相应安排，而采购部门要按照其预测的结果进行采购安排，这时候，有关供应商也要按照生产制造企业所提供的相关信息对计划的产能和原材料安排生产。

（3）全面权衡采购策略。企业采购的原则应以市场需求为中心，充分利用产能，合理安排库存，并制订详细的与之匹配的采购计划。大数据技术可以帮助企业实时跟踪和更新库存信息，实现库存水平的精确控制。这样，企业不仅可以避免库存积压，还可以提高库存周转率，从而降低库存成本。

四、打破传统的组织模式障碍

在有关企业内外部运作流程展开变革的同时，企业组织设计和组织结构也必须进行适当的调整甚至较大的改变。由于供应链变革必定会涉及企业内部和外部流程的重组，它的基础是企业内部各个环节可以有效地依据外部市场需求的改变而适时运作，并且，该运作模式已经延伸到企业的下游供应商。为此，限制组织与外部关系建立的“那堵墙”必须打破。

在大数据时代，变革是企业生存的唯一法则，变革的目的是更好地满足消费者的需求，变革的驱动力是大数据技术，管理变革是企业转型的基础，转型是管理变革的高级表现形式，企业转型的核心是流程重组：内部要求是进行组织结构的重新设计，外部条件是注重供应链的二次改造，这是企业剧烈式变革的重要思路和可能路径。

第三章 大数据与企业人力资源管理

第一节 人力资源管理数字化

一、人力资源数字化的内涵

（一）人力资源数字化（e-HR）的定义

“人力资源管理数字化”和“人力资源管理”这个词语一样，是一个舶来品，翻译自英文“e-HR”一词。e-HR 中的“e”包含了两层含义：不仅是“electronic”即电子化的人力资源管理，同时更重要的是“efficiency”即高效的人力资源管理。提高效率是 e-HR 的根本目的，而电子化则是实现这一目的的手段。

在国外，e-HR 这个概念最早出现于 20 世纪 90 年代。当时的电子商务（e-Commerce）席卷了企业界，给企业界带来了一系列全新的革命，各种商业活动都陆续被“搬”到了网络上。e-HR 作为 e-Commerce 家族中的一员，最初意味着人力资源管理业务上网。后来，学术界进一步丰富和发展了人力资源管理数字化的含义，主要有以下几种观点。

美国佛罗里达国际大学教授加里·德斯勒（Gary Dessler）认为：人力资源管理数字化是通过信息的收集、处理、存储和发布来为一个组织的人力资源管理决策，以及组织内人力资源管理活动的协调、控制、分析和结果展示提供支持。这种支持是建立在彼此具有内在联系的各种功能模块构建的技术平台之上的。

美国得克萨斯大学教授史蒂芬·莫里茨（Steve Moritz）认为，人力资源管理数字化是整合了多项信息技术的全新的人力资源管理模式，它包括了企业资源计划、人力资源服务中心、交互式语音服务、网络应用程序、语音识别系统、经理和员工自助门户网站等多项业已成熟的信息技术，如图 3-1 所示。

小舍曼（Arthur W. Sherman Jr）等人将人力资源信息系统（HRIS）定义为，提供现实和准确数据的计算机系统，用于控制和决策的目的。在这种意义上，它已经超越了简单的存储和更正信息，其应用的范围已扩大到诸如编制报告、预测人力资源需求、战略计划、职业生涯和晋升计划，以及评估人力资源管理的政策及实践等领域。

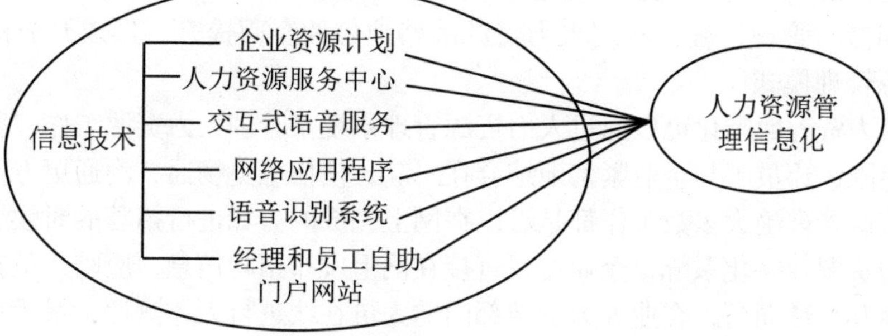

图 3-1　史蒂芬·莫里茨定义的人力资源管理数字化示意

国内学者给出的定义出现得相对晚一些，但是更加全面一些。国内学者余凯成等人将人力资源信息系统定义为：收集、处理、存储和发布信息以支持决策、协调、控制、分析及可视化人力资源管理活动的相关组件的集成系统，如图 3-2 所示。

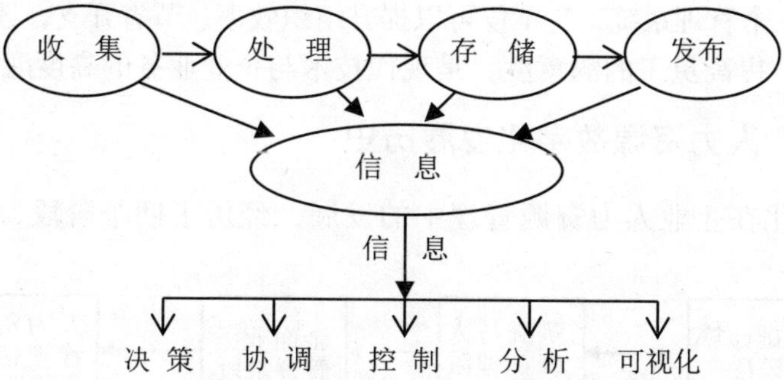

图 3-2　余凯成等人对人力资源数字化的定义

朱勇国副教授对人力资源管理数字化的定义是：以先进的信息技术为手段，以软件系统为平台，实现低成本、高效率、全员共同参与管理过程，实现人力资源管理战略地位的全面提升、开放的人力资源管理新模式。

e-HR 市场分析专家郑大奇认为：任何利用或引进了信息技术手段的人力资源管理活动都可以称为人力资源管理数字化。目前所说的人力资源管理数字化是包含了“电子商务”“互联网”“人力资源管理业务流程优化”“以客户为导向”“全面人力资源管理”等核心思想在内的新型的人力资源管理模式；它利用各种手段和技术，包括一些核心的人力资源管理业务功能，代表了人力资源管理的未来发展方向。

综上所述，人力资源管理数字化是一种全新的人力资源管理模式。它从“全面人力资源管理”的角度出发，利用数据库软件等工具实现了对原有人力资源管理业务流程的梳理、改进和改造，实现低成本、高效率、全员共同参与管理过程，实现人力资源战略地位的全面提升，形成开放的人力资源管理模式。

人力资源数字化可以通过人力资源管理系统来管理人力资源工作，跨越时空界限，让员工与企业紧密地结合在一起，使信息更畅通、沟通更方便。人力资源管理绝大多数工作都是可以在网上完成的。如进行招聘的时候，通过人力资源数字化系统，企业可以直接在网上发布招聘信息，应聘人员在网上填写和投递简历，企业人力资源部门的人员在线进行人才测评，最后可通过视频系统进行面试和录用。在工作中，员工随时可查询到自己的相关信息，如工资条、培训记录、休假记录等，也可即时修改变化的信息，如联系电话、学历、婚姻状况、通信地址等。管理者可通过 e-HR 系统即时查询下属的有关人事情况，如周工作总结与计划、绩效计划与考核结果、员工各类信息及相关统计等。因此，可以说企业人力资源管理实现数字化，既是一个技术系统，又是一个管理系统，它不仅可以提升组织效率、节省开支，还可以增加企业利润、提高员工的满意度，是现代技术与企业业务的高度融合。

（二）人力资源数字化发展历史

数字化在企业人力资源管理中的发展，经历了四个阶段，如图 3-3 所示。

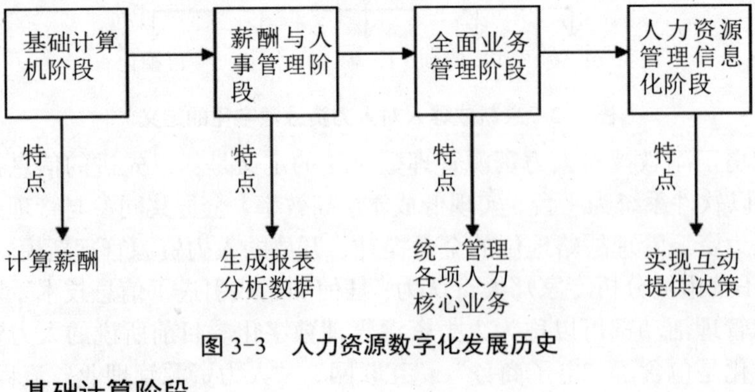

图 3-3 人力资源数字化发展历史

1. 基础计算阶段

人力资源管理系统是在 20 世纪 60 年代末诞生的。当时发达国家的计算机技术已经趋于成熟，并且已经开始运用于管理领域。随着国外一些领先的应用软件对人力资源数字化的研究，计算机技术开始应用于人力资源管理工作中最基础、最复杂、最繁重的部分，即代替手工来计算和发放工资。这就是人力资源管理系统的第一个阶段——能自动计算薪酬的初级阶段。但是这时出现的第一代人力资源管理信息系统由于技术和条件的限制，主要是一种自动计算薪酬的工具，不包含非财务的信息和薪酬的历史信息，而且几乎没有报表生成功能和薪酬数据分析功能。但是，它的出现为人力资源管理数字化展示了美好的前景。

2．薪酬与人事管理阶段

到了 20 世纪 70 年代末，随着计算机软件技术的发展和硬件性能的提高，它除了可以计算员工的薪酬外，还考虑了非财务的信息，可以记录员工薪酬的历史信息，具备了报表生成和薪酬数据分析功能，也就是具有了一部分人事信息管理的功能。因此，这个阶段可称为薪酬与人事管理系统阶段，是人力资源管理系统发展的第二个阶段。但这一阶段的系统主要由计算机专业人员开发研制，设计思想主要是从技术角度出发，未能系统地考虑人力资源的需求和理念，信息还不够系统和全面，没有覆盖企业人力资源管理中的其他业务。

3．全面业务管理阶段

到了 20 世纪 90 年代初，世界经济发生了翻天覆地的变化，人力资源理论也随之发展，并逐步成熟，使企业的领导者认识到了人力资源管理在企业发展和企业竞争中的关键性作用，因此各种各样的人力资源管理方法和理念开始产生并被应用到企业的管理中。随着计算机网络技术的出现和发展，各项人力资源管理的核心业务（如薪酬设计、招聘、培训、绩效考核、岗位管理、员工信息历史资料等）运用计算机进行统一管理，并且可以提供信息共享，使人力资源管理人员摆脱了繁重的日常工作，大大提高了人事管理工作的效率。这是人力资源管理系统的第一次革命性变革，也是人力资源管理系统发展的第三个阶段——全面业务管理阶段。这个阶段的人力资源管理系统并没有形成企业全员的互动，没有形成全面人力资源管理的局面，但是为 e-HR 阶段的发展打下了良好的基础。

4．人力资源管理信息系统（e-HR）阶段

20 世纪 90 年代末和 21 世纪初，人力资源管理信息系统迎来了第二次巨大的变革。这时的人力资源管理在企业管理中被提到了战略决策的高度，随着网络技术的普及，人力资源管理理论的发展完善，使人力资源管理快速响应企业内部和外部的各种要求与变化成为可能，这就是人力资源管理系统发展的第四个阶段——人力资源管理信息系统（e-HR）阶段。在第四个发展阶段中，即现阶段中，人力资源管理系统可以实现员工或潜在员工和企业人力资源管理者互动。它的主要特点是：从人力资源管理的角度出发，将人力资源的各类信息整合在一起，固化管理流程，实现人力资源的合理配置，并对企业人力资源的各项关键指标进行分析和监控，提供决策支持。这时的信息系统除了要继承前几代数字化系统的优点之外，还必须提供强大的数据挖掘和分析功能，并且能够将分析结果灵活、多样、便捷地展现，以真正做到对企业经营决策的有力支持。

二、人力资源数字化的意义

人力资源数字化在现代企业管理中具有重要的意义。企业人力资源数字化的飞速发展能够有效帮助企业迎接管理挑战，并不断推动管理效率的提高与管理水平的提升。在国内，就已经实施较完备的人力资源管理信息系统和部分实现数字化模块的企业而言，其行业分布为金融服务业、通信和高科技产业领域以及人力资源较为密集的企业。部分企业除实现了薪酬管理、员工管理、考勤管理基本功能外，还推广和应用了心理测评、绩效评估、网络招聘、薪酬福利规划、职业生涯发展、劳动力成本测算等人力资源管理数字化系统的高端功能模块，提高了人力资源管理的水平。针对实施人力资源数字化取得成效的企业的分析，可以看出人力资源数字化对企业的作用主要表现在以下几个方面。

（一）革新管理理念

企业的人力资源数字化管理，不仅改进了工作方式，更是革新了人力资源管理的理念。实施人力资源数字化后，HR 工作者能从大量繁杂的行政事务中解脱出来，重新设定自己的角色和目标，从企业运作流程和工作关系上成为企业的战略合作伙伴。这也同时要求他们能更快地对市场需求的变化作出反应，使人力资源管理更好地配合企业战略、从宏观上推动企业人力资源的规划和管理。

（二）提升管理水平，实现管理标准化

实施人力资源管理数字化后，企业有关人力资源管理的分散信息都能

紧密集中在一起并进行分析，大大优化了人力资源管理业务流程，并将经过优化的业务流程在系统中体现。同时，完善的人力资源信息不仅可以让企业领导对本企业人力资源的现状有一个比较全面和准确的认识，综合的分析报表还可供企业领导人在决策时参考，可辅助企业领导决策科学化。而且人力资源软件中所蕴含的先进管理思想能有效优化企业现行的运行体系。这就有效地提升了企业现代化的管理水平，实现管理的标准化。

（三）改善服务，推进全面人力资源管理

企业的人力资源管理不只是人力资源部门单独的事情，它涉及每个直线部门经理和每位员工，全员参与可以提高人力资源管理的效率和人力资源决策的质量，因此，许多企业都提出了全员人力资源管理的理念。但是，全员参与需要通过什么渠道、什么形式以及参与的时间，并没有统一的规定和相应的配套措施。而基于互联网操作的人力资源管理信息系统，打破了用户数量限制，能够对用户进行等级划分，分别授予不同的操作权限。例如，把非人力资源管理部门人士分为高管、直线经理、员工等。通过面向所有员工的信息工具，延伸人力资源管理范围，提高各级人员参与人力资源管理的程度，有效地改善人力资源部门的服务范围和服务质量，在员工充分参与的基础上，推进人力资源管理工作不断创新和全方位提高。

（四）降低人力资源管理成本，提高效益

人力资源管理工作中的日常事务性工作需要占用人力资源管理人员大量的时间，特别是其中的工资发放、员工考勤、人员招聘以及工作调动和岗位轮换等，传统的手工操作效率低，出错率高。人力资源管理数字化可使中小企业的人力资源管理人员从机械性的、重复性的日常事务性工作中解脱出来，从而减少行政性人力资源管理人员、降低操作成本，更好地提高部门工作效率。例如，员工甲合同到期时间是 7 月，如果没有人力资源信息系统，HR 人员就得经常翻看合同来确认甲员工的合同是否到期，并进行续签等手续，如果甲的合同到期而没有通知甲，根据新《中华人民共和国劳动法》规定，企业应当赔付甲无约用工赔偿金。但是当企业拥有了人力资源数字化系统后，系统会在甲的合同到期一周前开始提醒，并自动进行续签或者其他一系列操作，这就为企业节省了很大的操作成本。作者实地调查的新乡辉县市中小企业 20 家，其中实施人力资源数字化的 5 家企业都在不同程度上降低了管理费用，尤其是人力资源管理部门的管理费用。

具体数字如表3-1所示。其中企业1、2、3于2017年开始使用e-HR系统，企业4、5于2018年开始使用e-HR系统。

表3-1 五家企业2017-2020年管理费用（单位：元/年）

序号	管理费用企业	2017年	2018年	2019年	2020年
1	三友企业	324145.3	315842.6	312591.3	284364.1
2	辉合纺织	231142.2	224547.2	207846.0	189364.1
3	奇茂制衣	284158.1	257451.8	250146.8	237142.1
4	辉盐企业	186014.3	211451.1	197013.4	180542.7
5	胜利企业	267263.4	287413.1	275146.3	258146.1

由表3-1可知，企业1、2、3于2017年人力资源数字化建成并投入使用后，管理费用在逐年下降，而企业4、5在2018年人力资源数字化建成并投入使用后，管理费用也逐年下降。

由以上数据分析可知，企业在实施人力资源数字化后能够降低人力资源管理成本，从而提高企业的效益。

（五）提供增值服务，加强各部门沟通

企业在运用e-HR系统后，可以为企业各管理层提供增值服务。对于高层决策者来说，他们可以随时自助地获取所需的人力资源信息，并利用e-HR平台，快速便利地完成相关的审批处理，有效地提高了企业内部的工作效率。对于中级管理层而言，他们可以通过e-HR平台，在其授权范围内在线查看其下属员工的相关人力资源信息并对相关的业务进行快速处理，如员工的转正、培训、考勤、休假、离职等日常人事信息的递交和审批。中级管理层还可以通过e-HR平台向人力资源部门提交本部门所需的招聘和培训计划以及在线对他们所辖部门的员工进行绩效考核。在管理层运用e-HR系统处理工作的时候，也加强了他们同人力资源部门的沟通，这种沟通更加方便、快捷、有效。由此可见，e-HR系统为各管理部门与人力资源管理部门沟通和协作提供高速、快捷、便利的工作平台，为各个管理层提供了增值服务，进而使整个企业高效运转。

（六）适应员工需要，提供发展平台

随着时代的发展，企业员工信息意识和自主性也在不断加强，首先表现在他们对人力资源管理信息透明化的要求，其次表现在员工越来越注重个性化的人力资源发展计划，希望能够把握自己的发展空间，能更加主动地实施自我管理。而企业实施人力资源数字化系统后可以满足员工发展的

要求。

第一，通过 e-HR 平台，员工可以很方便地获得有关自己的考勤、薪资、培训记录等信息，并可以自己维护这些信息。例如，员工在搬家后，可以通过 e-HR 系统，自己更改新的家庭住址，维护自己的信息资料。

第二，e-HR 系统可以根据员工目前的岗位、工作性质和组织对员工的要求同员工自身能力状况进行匹配，以此确定对员工的培训需求，并以此开办相关的培训课程以及提供相应的知识介绍。

第三，e-HR 的运用，使企业的全体员工，无论是在何时、何地，只要打开电脑就可以在网上浏览最新的培训课程目录并进行申请参加手续。e-HR 搭建的网上培训及知识管理平台，快捷便利地实现了全体员工的自主学习和知识共享。

第四，e-HR 系统会在相关的培训工作结束后，采用在线评估的方式进行有效评估，然后对反馈的信息即时进行统计、记录和归档，这些记录和档案随时可以在线查询。因此，企业实施人力资源数字化后，企业的员工可以获得更多的服务，满足员工自身发展的需要，并为人力资源管理部门掌握员工的情况提供了便利条件。

（七）加强企业内外联系，促进信息畅通

在当今竞争激烈的社会上，沟通在企业的成长、发展过程中起了尤为重要的作用。现在企业都非常重视企业内部各部门之间、员工之间、企业与外部业务伙伴之间的沟通，但是由于企业规模的扩大、业务的复杂，沟通也变得越来越困难。企业运用 e-HR 系统后，由于系统是集中数据管理，分布式应用，全面的网络工作模式，这就大大加强企业内部之间的沟通以及与外部业务伙伴的联系，使企业内外部的沟通、交往容易起来。通过与外部业务伙伴在人才、技术、知识等方面的资源共享，加强了相互之间的联系，有效提高了企业适应市场的能力。由此可见，e-HR 系统可以促进企业进行内外联系、沟通，保证了企业信息的畅通，增强了企业人力资源管理的效果，对提升企业的竞争力具有重要意义。

（八）增强员工忠诚度，提高员工满意度

当今社会中，企业员工追求的是个人价值的最大实现，不再是传统观念中的物质、工作目标的实现等。他们更关心所从事工作的自主性、创造性和挑战性，是否能使个人的潜能得到最大限度的发挥，是否能使个人得

到全面的发展。因此，现在企业的员工需要寻求一种能为自己提供企业内部人力资源状况信息、社会以及同行业企业相关的人力资源状况信息和员工的人力资源状况信息的平台。而 e-HR 系统的产生无论是从理念上还是从手段上都为满足员工的这种信息需求提供了可能。人力资源数字化的应用使得企业全体员工都能参与进来，改变了以往被动接受命令的状况，形成了新的互动管理的局面。同时，利用人力资源管理信息系统对员工进行选拔、任用，可以减少人为的主观性，体现公平原则，提高管理的透明度，从而大大提高了员工满意度，有利于留住人才。

三、实现人力资源数字化的条件

（一）实施数字化的客观原因

人力资源管理数字化有着传统人力资源管理无可比拟的优点，为我们展示了美好的前景。那么是否意味着每个企业都可以马上实施数字化项目？并非如此！普遍的规律不一定适合所有的个体。针对一个具体的企业，在提出人力资源数字化管理的构思后，必须慎重研究数字化的可行性。在多数人来看，这似乎是画蛇添足，他们认为现在需要研究的是如何进行人力资源数字化，如何提高数字化的成功率，而不是需要讨论数字化的可行性。但是从人力资源管理数字化的理论基础及实践来看，这是一个特定的专业领域，实施数字化必须具备相应的条件和时机，如果不加分析就武断地实施数字化，成功的概率极为渺茫。企业人力资源管理数字化的客观原因可以从以下几个方面进行说明。

1. 企业人力资源管理业务的差异性

对于人力资源数字化软件而言，它的功能部署、流程设计是基于企业的人力资源业务模型开发的，是相对固化的。软件的这种特点决定了在业务相对稳定的职能领域，数字化容易取得成功，比如会计、财务管理等。而从业务需求角度看，人力资源管理对于不同企业的业务需求极不平衡，企业采取的管理思想与业务模式不匹配。民营企业、中小企业、高科技企业、外资企业人力资源管理的重点、难点和水平差异很大。因而，在人力资源管理数字化的实践中，很容易发现，它们的数字化目标不同，要求信息系统具有的功能也不同。即使同一家企业，在生命周期的不同阶段，人力资源管理的地位、目标、工作重心、管理手段也是变化的。人力资源业务需求的不稳定性，客观上为 e-HR 的开发、实施造成困难，同时也是困扰

e-HR 在企业广泛应用的重要因素。

2．人力资源信息系统不成熟

人力资源管理软件产品没有国家标准，也没有行业标准，每个软件开发商都在按照自己对人力资源管理的理解设计与开发。每个开发商都有一套具有煽动性的产品设计理念，但即使理念是正确的，由于理念与技术现实之间存在很多环节，在实际开发过程中，产品规划理念未必能被设计师充分理解，因此当企业使用软件时，即使是正式纳入开发计划的内容，也往往执行不下去。

3．人力资源数字化软件的复杂性

在软件产品信息掌握方面，客户与开发商处于严重不对称的地位。即使开发商给客户进行产品演示，但仅仅经过演示，客户不会发现产品的缺陷。往往在企业交付使用时才发现一大堆的问题，但为时已晚。

（二）实现人力资源数字化的条件

人力资源数字化作为一种新技术，对企业有一定要求，它的导入需要企业具备以下几个条件。

1．管理体系

稳定的人力资源管理体系是数字化的基本要求。企业需要有扎实稳定的管理体系，保证各项命令都能认真贯彻执行，只有这样才能让每位员工在企业里安心工作，促进企业成长。

2．人员素质

人员素质包括两个方面：一是企业人力资源管理人士的专业化素养；二是用户的计算机操作能力。

人力资源管理数字化是信息技术与人力资源管理理念和管理工具的结合，实施这样的项目，企业必须具有一批精通人力资源管理的专业人才，能够深刻理解信息系统。很多企业里，人力资源部是由人事部转变而来的，名字变了，但人员、工作重点、工作技能没有改变，工作人员没有受到系统的专业培养，对于人力资源管理与开发的理论、方法和工具很陌生，不能很好地运用理论进行实践。这些企业不具备实施人力资源数字化的基本条件。

用户的计算机操作能力影响软件的使用效果。再好的软件也需要人操作，只有具有专业技能的人才能保障新技术的顺利实施和推广。因此，具备了两方面人员素质的企业才能实施人力资源管理数字化。

3. 硬件环境

人力资源数字化不能脱离硬件环境而存在，信息系统运行的速度、稳定性、数据安全性等与硬件环境有直接的关系。人力资源数字化需要高质量的服务器、良好的网络环境、充足的计算机等。

4. 管理层的支持

人力资源管理信息系统交付实施后，最大的工作量是信息的维护，但在实践中发现，基础数据的更新是一个很难完成的工作，员工如果不汇报个人信息的变化情况，人力资源管理信息系统中的数据将无法得到维护。因此，取得各非人力资源管理部门管理层的支持非常重要，但这是很困难的。每个部门都有自己的繁重任务，他们不可能像人力资源管理部门那样关心系统。在缺乏高层支持的情况下，非人力资源管理部门会更加漠视。所以作为企业领导者，要认识到数字化的必然趋势和优点，并给予积极的支持。

5. 充足的资金

企业建设人力资源管理数字化系统需要巨大的资金作保证，没有坚实的经济基础做后盾，数字化的梦想只能成为泡影。企业应利用自己的优势，在保证遵守国家法律的同时，通过多种渠道积极稳妥地筹集资金，为数字化的建设打好物质基础。

6. 合适的供应商

我国企业在新系统的开发方面，35%的企业选择委托专业公司开发的模式，29%的企业选择合作开发的模式，只有 30%的企业进行自行开发。 目前进行人力资源管理软件开发的供应商数不胜数，企业在购买 e-HR 系统软件时，只有选择项目优良、售后服务完善的供应商才能确保人力资源数字化的成功。

第二节 大数据人力资源管理的发展分析

一、人力资源数字化发展现状

根据《中国企业人力资源管理发展现状》调查报告，在受访企业中有 68%

的中小型企业仅根据在职职工信息建立了简单的人员信息数据库，有 11.3%的企业在管理中应用了人力资源管理信息系统，而表示目前没有或有想法着手构建企业人力资源管理信息系统的占总受访企业的 32%。

某管理咨询企业在对中国地区运营的 312 家企业人力资源管理数字化的应用情况进行调查，结果表明：大多数国内企业的数字化建设还处在起步阶段，所谓的企业数字化建设主要是将日常业务操作和日常信息发布通过计算机技术手段进行开展，均面临着在实现用户定制功能和其他系统信息整合，即人力资源管理信息系统深层次的功能挖掘的调整。通过调查报告还能发现，中国企业与国外企业相比都存在数字化应用水平较低，人力资源管理水平相对滞后的问题。在接受调研的企业中，企业管理中已经应用了人力资源管理信息系统（HRMS）的占 26%；仅有 11%的企业目前已经将其人力资源管理信息系统（HRMS）与企业资源规划软件（ERP）相整合，实现企业信息资源管理的一体化，但就这个数字而言远低于澳大利亚地区的 46%。

同时该项调查报告还指出，还有 32%的企业没有任何的人力资源管理信息系统，仍然停留在日常信息靠 Word，Excel 等 Office 软件整理。即使有些企业推进了数字化建设，也大部分应用于日常性人事业务操作和静态信息发布。其中，用于工资发放或工资单制作的占整体的 80.6%；用于人事行政基础管理工作及人员档案信息管理的占 78.3%；69.7%的用于员工考勤管理。而几乎 93.3%的企业表示其所建立的内部网络，主要是用于发布静态的人力资源信息，比如人事制度和人事信息的发布等。几乎很少有企业引入人力资源管理信息系统与企业主营业务整合，将其应用到更高层次的人力资源管理功能上，例如战略性的人力资源开发。调查还发现，国内企业将人力资源功能外包或使用共享服务中心的企业几乎微乎其微，可以说人力资源管理信息系统在绩效评估、职业生涯规划、人才测评等方面的功能几乎还是空白阶段。

中国企业实行人事外包的比率非常低，所谓人事外包就是指人力资源的基础功能工作。仅有 5%的企业将其薪酬功能外包出去。相比之下，这种人事外包的做法在美国和欧洲企业就显得十分普遍了，国内很多外资企业基本上也都采取人事外包的管理手段，降低人力资源部门基础操作性工作比例。对于使用外包手段的中国企业而言，社会保险管理外包相对而言是很多企业比较容易接受的选择，有 10%的企业将养老、医疗保险、公积金等这样的国家规定的社会保障管理工作外包，仅有 5%的企业将薪资发放服务外包。此外中国企业更愿意选择劳务派遣的管理方式，将劳动风险转嫁其他劳务服务企业，这是近几年中国比较常见的做法。

《中国企业人力资源管理发展现状》的调查还指出，部分企业已经认识到人力资源数字化对企业的发展至关重要，但真正引入人力资源管理信息系统却面临着很多实质性的困难。比如最主要的原因来源于资金问题，构建人力资源管理信息系统整体投资较大，而且资金的投入并非立竿见影，立即见到收益，往往使得项目投入一拖再拖。另外，实现功能过程中涉及大量的个性化服务定制工作，很难与现有系统有效整合，实际交付功能达不到预期要求，都是企业犹豫不决的重要原因。在受访企业中，只有26%的企业表示他们有计划投入人力资源管理信息系统项目，也进行过相关系统软件的比较与衡量，但对现在市场上已开发的人力资源管理系统软件仍存在看法，功能全面稳定的价格昂贵，价格比较合适的却无法真正满足企业的需要。而52%的受访者表示他们的年度预算中没有人力资源管理信息系统项目的投资。也有50%的企业表示他们不确定在未来三年内是否会有专项预算来构建企业人力资源数字化系统。同时也有大部分企业表示虽然在选择解决方案前对业务需求均进行整理和调研，但推行后却并没有取得预期的效果。

针对这种现象，人力资源专家指出，作为人力资源从业者，面对企业这样的犹豫，需要做好引入人力资源管理信息系统的投入和回报率分析，为企业高层判断是否实行 e-HR 提供具体依据，帮助其决定如何提高人力资源服务效率。为确保人力资源信息系统引入企业能够真正满足企业需求，必须先进行系统化的软件调研和选择，避免投入无法达到预期的效果。

随着企业管理水平的提升，对人力资源信息管理的认识和需求在未来的一段时间内，将日益提高和增加，往往处于高速发展阶段和稳定发展阶段的企业这种需求就显得尤为迫切，需求的层次也将从最初级的人事事务基本管理系统平台，向战略层次高水平人力资源管理信息平台过渡。

二、人力资源管理数字化发展存在的问题

目前国内大多数企业在人力资源管理与开发上的基础工作做得不够扎实，鲜少有专门的单位来研究如何让中国企业真正意义上实现人力资源数字化，如何构建适合自身企业性质的人力资源信息管理系统。而国外人力资源管理数字化发展相对比较成熟，因此很多商业机构利用为企业提供咨询服务的名义将国外的技术短平快地引入国内企业中去，而操作过程中并没有对现有的技术和系统进行有效的消化吸收，使得大多数企业没有把人

力资源管理放在企业整体生态环境中去进行整体、系统思考，无法将人力资源信息系统和企业需要实现真正的有机结合。

人力资源管理信息系统的应用在中国企业中的实施往往是被动的，而且总是涵盖着不科学的因素，例如人为的感情因素，只是形式上直接套用外国的技术，这就造成与中国企业自身特点相悖的问题，最终只能出现“画虎不成反类犬”的结果。因此中国现代企业人力资源管理系统的应用推广困难，存在诸多问题需要克服。

（一）人力资源管理整体水平滞后

虽然随着中国市场经济的迅猛发展，中国企业也得到了迅速的成长，管理成为各大中小型企业最为关注的课题，但往往企业从自身利益角度出发，对营销和生产等供应链部分更为重视，对人力资源的管理只是名称上较之前的人事管理有所改变，实质内容上仍然以行政操作类工作内容为主。国内企业整体人力资源管理水平的滞后，也是限制和阻碍人力资源数字化发展的重要原因之一。很多中小型企业人力资源管理信息系统的应用基本上就成了纸上谈兵，真正采用的企业少之又少。

这些年人力资源管理信息系统充斥着每个管理者的大脑，但是很多企业对人力资源管理信息系统却缺乏一个正确的认识，片面地认为这是解决企业人力资源管理的灵丹妙药，只要购进信息系统，人力资源问题就可以迎刃而解了，忽视了采用人力资源信息系统的必要条件和根本目的。

在实施前期既没有结合企业需求进行详细调研规划，也没有在管理方面结合企业实际情况与信息系统进行整合，更没有理顺 e-HR 与 HRM 之间目的与手段的关系，对技术的盲目崇拜超过对业务流程本身的关注，本末倒置，最后只能适得其反。

这也正是为什么国内很多企业引入人力资源管理信息系统之后，并未取得显著效果，最后便演变成为一种形式的原因。

（二）对人力资源管理信息系统的认识有待提高

很多企业认为人力资源信息系统的引入无非就是借助信息技术来实现一些人力资源管理的手段，但其实并非如此。人力资源管理信息系统绝不仅仅是人力资源管理的手段，而应该是通过技术手段与人力资源战略、人力资源规划的有机融入，实现人力资源管理体系的完善，甚至有可能通过信息技术的渗透引发人力资源战略和人力资源流程制度的再造。可以说人力资源信息系统的引入是提升企业人力资源管理效能，完善人力资源管理体系，提高人力资源管理水平的重要过程，它绝不仅仅是一个计算机应用项目，或是传统人事工作操作和计算机技术的简单叠加。

（三）高层不够重视，HR 从业者不够专业

在企业人力资源数字化的实际推进过程中，往往因为企业高层的不够重视和 HR 从业人员的专业素质的匮乏，而对人力资源数字化推进形成障碍。很多企业领导认为人力资源数字化就是使用计算机开展人力资源管理工作，对人力资源数字化的认识不够深刻，导致对这一工作推进不够重视；而有些领导即使内心十分关注此事，但是往往又不知道如何入手。从根本上讲，就是企业的高层领导并没有意识到人力资源在企业中所扮演的重要角色。

很多企业在具体推行人力资源数字化工作的时候，往往习惯直接推给人力资源管理从业者，忽略这是一个需要多个部门协作完成的事情。比如说我们在推行考勤的时候，从人力资源管理者角度是按照如何考察员工到岗、请假等情况而定，但具体到执行部门很多时候简单的流程会存在很多缺陷，因此导致一些问题无法处理。而另一方面，人力资源数字化从根本是为企业高层决策提供服务的，并不仅仅是日常性的事务管理，缺乏领导的重视和企业战略目标的融入，往往是无法实现预期功能效果的。

另外，很多企业还奉行着人力、行政不分家的管理模式，人力资源工作难度和替代率都不高，因此很多人力资源管理者是从行政或者其他职能部门转变而来，并没有经过系统化、专业化的培训，对人力资源管理数字化缺乏足够的认识，无法从整体和全局的角度帮助企业建立人力资源管理体系。很多从业者依然将自己定位于企业制度和流程的执行者，缺乏对现代企业人力资源管理的正确认知，无法成为企业管理过程中真正意义上的参谋和战略伙伴。因此可以说，企业高层制约人力资源管理理念的匮乏和人力资源从业者的素质欠缺都是制约现代企业人力资源数字化推进的重要原因。

（四）HR 系统亟须整合与重组

国内外 HR 软件的生产制造厂商有上百家之多，但产品层次和标准却千差万别。目前国外软件巨头如 SAP、People Soft 等以其的较大影响力和强大的产品功能占据了高端市场。同时也有很多小企业自主研发 HR 信息系统，但产品性能和功能都相对比较单一，服务对象为市场内低端消费群体。

同时因为缺乏统一的行业标准，无法对产品进行有效、权威的评断，

很多厂商过分夸大产品功能，妨碍了市场上公平竞争秩序，也使很多企业在购买时茫然。而且产品因缺乏统一的标准，致使很多企业人力资源信息系统与企业运营系统无法进行有效整合，无法实现企业资源的一体化。可以说，人力资源信息系统开发行业的无序和标准的缺失，对 e-HR 的发展和推广产生了极大负面影响。

人力资源管理信息系统根据人力资源管理的诸多方面可以分为很多模块，而系统各模块很可能也存在兼容问题。其实差异主要源自企业对 HR 系统的需求的不同。很多企业对人力资源数字化的需求仅停留在员工考勤管理、员工档案管理、员工劳动合同管理等基本工作电子化的阶段，这种管理理念的滞后，就注定了他们引入 e-HR 项目仅仅是为了实现基础工作的效率提升，提高局部的人力资源管理状况。

例如某企业，2019 年引入员工信息管理系统，在 2020 年年初又引进绩效管理系统，但因为经费和软件功能的综合考察，选择的系统分别为不同企业提供，两个模块都是在多种产品中性价比较高的产品，但由于两个模块分别产自不同企业，技术标准不一致，造成两个模块的资源无法融合、共享，增加了从业者的工作量，同时也对整体推行的效果产生了影响。

目前一些较大规模的 e-HR 系统都为了能与企业其他管理信息系统进行有效整合，采用了较为流行的技术开发平台，并预留了二次开发的接口，以便于日后系统升级优化，并延长系统的生命周期。因此人力资源管理信息系统开发商急需固定的行业技术标准来规范人力资源数字化的发展。

我们通过对企业人力资源数字化发展的现状进行梳理，揭示出各企业人力资源管理数字化推进的阻力和影响企业人力资源数字化推进的重要原因，但同时也指出人力资源管理数字化已经成为大势所趋。如何克服目前存在的问题和困难，使人力资源管理真正实现数字化，这不仅仅需要人力资源从业者的关注和努力，更需要企业高层管理者的重视和决心。

第三节　大数据人力资源管理的影响

一、大数据人力资源管理发展的积极作用

（一）及时准确的统计分析和管理控制

在大多数的企业中，查询或是保存人力资源方面的信息基本，都是用 office 文档进行操作的。例如很多人力资源从业人员会通过 Excel 表格来计

算员工的工资，而往往会设立多个 Excel 表格来核算、存储各个月份的工资情况，如果我们想对工资成本及工资水平，或是部分部门、部分员工工资进行比对，会很困难。需要对存储于多个文档中的信息进行调取、整合，工作量会很大。再如通常会将员工的个人档案信息、异动调资信息、培训信息、社会保险缴纳信息、绩效考核结果等存放于多个 Word 或 Excel 文件里，或是将纸质文件统一保存。对于人力资源从业者来说，将这些分散的信息数据进行采集、整合、更新和调用，是一项劳动量大、内容庞杂、重复性质的工作，浪费巨大的时间和精力。更重要的是数据的保存和查找同样也是一个相当困难、繁杂的过程，而要保证这些分散文件的信息保持相容性或是一致性，几乎是不可能的，即使做到也需要大量的时间和精力来完成这样的工作。

人力资源部门很多时候又是一个数据提供者，因为需要定期地向企业领导、社会保障部门、劳动监察部门、企业董事会等多个机构提供企业员工情况。这种时候，很多人力资源从业人员都是从员工档案文件中获取人员的个人信息，再从另一个文件获取他们的劳动合同信息，有时还需要从其他文件再获取相关的工资信息，由于所有的信息都是分散保存的，因此对信息进行匹配、整合成了人力资源从业者的主要工作，占据了大量的精力和时间，而且这种工作的执行往往是被动的，使人力资源从业者陷入了被动执行的工作内容中。同时提供的数据因为分散或是各种登记时文字的差异，很多时候会出现信息不完全或不准确的情况，大大降低了人力资源从业者在企业领导、政府主管部门领导心目中的专业水平。

采用人力资源信息系统管理，就可以用集中的数据库将与人力资源管理相关的信息全面、有机地联系起来，可以有效减少信息更新和查找中的重复工作，保证了信息的相容性，从而提高工作效率，还能提供原本不可能的分析报告。

信息技术在人力资源管理中的应用，让很多企业开始重新审视和再造在组织内部已经存在多年或已经形成固有模式的传统流程。甲骨文（Oracle）公司通过使用自己的人力资源信息系统，为企业节省资金达到十多亿美元，其中相当大一部分成本的节约是来自人力资源管理职能的转型。众所周知，甲骨文公司是世界知名的软件企业，由于业务遍布世界各地，其员工也遍布全球且数量不断增长，企业必须尽可能采取一种平稳而有效的方式，来管理公司各种日常行政事务。于是公司利用自身信息技术和软件开发的优势，通过信息技术与人力资源管理操作流程的有机结合，研发出一种具有成本有效性的人力资源管理工具，既提高了企业人力管理效率，又保证了员工管理的有效性。

通过将常规的人事管理工作转移到互联网上很大程度上正是靠 Oracle 的 HR 部门职能转型实现的。Oracle 根据对全球各地人力资源管理工作的内容进行调研，并进行了仔细的分析发现，人力资源从业人员 60%以上的工作都是那些简单、重复的事务性工作。通过人力资源职能转换，引入自主研发的信息系统向员工提供了自主服务功能之后，就使 HR 人员从常规性的日常工作中解放出来，转而为更高层面也就是战略和决策层面提供服务。

甲骨文公司通过采取自主研发的人力资源信息系统为员工提供各种自我服务工具，并且通过引入自助服务工具和业务流程自动化、数字化，使日常事务性人事工作基本实现自动化。从而将分散在全球各地又相对独立的多种人力资源管理体系进行整理，降低了管理成本，提升了人力资源管理的工作效率和业绩。

（二）提高 HR 部门的工作效率和质量

从某个角度来说，人力资源部门其实是将企业内部员工作为顾客来进行服务的部门，员工的满意度一定程度上是极为重要的标准，来衡量企业人力资源管理部门管理工作质量。员工满意度高，也就是说明员工对企业的信任度、忠诚感和归属感都比较高，同时也就促进了企业人员结构的稳定，提高了员工对组织的贡献度，大大增强了企业可持续性发展能力。

而人力资源数字化的推行正是将人力资源管理职能通过信息技术的融合，将原本庞杂、无序、混乱的工作流程化、清晰化，提高了人力资源管理部门的工作效率，使企业内部员工遇到的人事问题能够快速得到解决，从而使人力资源管理从业者在服务部门和企业领导中建立起专业、效率高的形象。同时人力资源管理者可以用更多的精力来从业更能发挥人力资源管理职能的工作中去。

比如，建立公平、公正、透明的员工绩效考核机制，合理地评价员工的工作业绩和工作态度。对员工专业能力和专业知识进行评估，找出不足和潜力方向，再通过进行职业培训开发，使员工贡献价值达到最大化。再比如，加强管理者与员工、员工之间的交流与沟通，建设高效团队，提升团队业绩，从而提升人力资源管理部门的工作效果，更大程度发挥人力资源管理职能，提高人力资源管理质量。

（三）便于访问与查询，增强信息透明度

大部分企业在没有引入人力资源管理信息系统之前，如果要对企业人员进行数据统计时，这项工作往往要依赖于某个人或者某些人来完成，首当其冲的就是人力资源部门。

人力资源从业人员会通过对不同文件中相关信息的采集、调用、整合、汇总，完成整体过程。而这种依赖往往会因为某人休假、离职或者花费时间过长而无法及时完成。在引入人力资源管理信息系统之后。企业管理人员要获取所需的数据，只要获取相应的权限，可以随时登录系统，直接查阅所需的信息。如某企业总经理要了解人员到岗信息和生产车间内编制计划，可以一目了然。

（四）提高公平性指数，提升员工满意度

很多企业都在不同程度上存在着人才流失现象。多数都归结于外部环境的影响。其实人才流失除了外部因素之外，内部影响因素也不容忽视，如工作环境、公平绩效机制、员工培训机会和个人职业生涯发展等。现在很多人利用工作以外的时间学习了很多的课程，掌握了一定程度的专业技能。但是，按以往的市场环境，其除了有机会在领导和同事面前显示外，很难得到与之相匹配的岗位和薪酬。同时，在掌握了充分的专业技能之后，员工就会期盼在所学的专业领域上能够有所发挥，不再满足现有的岗位，结果大多都是远走高飞，另觅高就。如果可以时时掌握员工专业动态，将员工获取的专业技能储存于人力资源管理信息系统，在某个岗位出现需求时，先打开内部招聘渠道，在企业内部搜寻一下是否有与之匹配的人选，这样不同程度上满足了员工在企业内部晋升、轮岗等个人职业发展的需要，也许会留住一部分人才。

再如，在提拔中层管理干部时，主要的依据来源于哪里？是根据谁在领导面前表现得多，还是根据他的知识、业务技能水平和以往的绩效业绩呢？人才选拔必须遵照公平、公正、公开的原则进行。其意义不仅在于选拔人才本身，更在于它还会给员工传输这样一种暗示：个人在企业内的职业发展并不取决于他是否善于在领导面前表现，而是在于其个人的工作态度和工作业绩。企业必须在制度、流程上予以相应保证和必要的工具支持，避免公平性成为一句简单口号。人力资源管理系统可以说就是一种非常有效的辅助工具。

（五）提升企业竞争力

在实施人力资源管理信息系统后，将人力资源信息经过整合、丰富，不仅可以为企业领导者提供较为准确、全面、一致、相容的信息，对企业现有人力资源状况有一个较为全面和准确的认识，同时也可以将各种数据整合，分析出具相关的报表供企业高层在制定企业决策时作以参考。例如在年度调薪或薪酬体系变更前，将不同岗位的历史薪资和市场数据进行比对和分析，可辅助企业高层决策更具有科学性和可行性。

搭建和实施人力资源管理信息系统的过程本身其实也包含着对企业现有组织机构和岗位设置、管理流程、制度建设、薪资体系、绩效体系等的回顾，并根据系统中所蕴含的先进管理思想来改变现行的管理体系，因此在推进的过程中可以看到这样一种现象：管理水平上比较完善的企业人力资源管理系统实施的推进工作往往要比管理水平稍差一些的企业开展得要容易一些；而管理水平较低的企业在实施推进的过程中往往会很快暴露出企业内部人力资源管理方面存在的问题。因此实施的过程也可以说对先前推行的制度流程的一种审视和反思，同时也是企业重组、改进、提高管理水平的契机。

另外需要说明的是，信息的透明和安全其实本来就是一对矛盾体。人力资源管理信息系统的安全性设计使机密的 HR 信息处于一种受控的透明状态下。在人力资源管理中，也需要权衡信息的透明度和安全性。在推动信息透明化的同时，需要加强信息安全的防护和管理，例如建立健全的信息安全管理制度、加强信息系统安全建设、提高员工的信息安全意识等。在实施人力资源策略和决策时，组织需要综合考虑各种因素，包括员工的参与、满意度和信息安全等方面，以实现平衡和综合效益的最大化。

二、大数据人力资源管理的负面影响

如同信息技术是一把“双刃剑”的道理一样，推行人力资源管理数字化也会为企业带来一定程度的负面影响。在认识到人力资源管理数字化的优越性和为企业带来的效益的同时，如何避免和消除其负面的影响也就显得十分重要。人力资源信息在企业中往往具有很强的保密性，因此如何在便捷、简化、透明的信息系统操作下，保护人力资源方面的机密信息，尤其是大量签批纸质文件扫描而成的图像信息的加密与保存，也是非常让人力资源部门头疼的问题。

（一）安全问题

信息透明化可以说是人力资源管理数字化给企业 HR 管理工作带来的最为明显优势，但是它所引发的信息安全问题也就成为我们关注的主要话题。可以说信息透明和信息安全就是一个矛盾体，如何平衡二者之间的关系成为摆在我们面前亟待解决的课题。一般的做法：通过专业的信息技术手段，并由专业的人员来设计、维护、管理信息系统，从而保证人力资源信息的安全性和机密性。

人力资源数字化系统的安全体系主要涉及用户身份验证、权限分配、数据存储、数据传输、数据恢复以及系统日志等环节。数据加密解密的过程很大程度上会直接影响系统的运行效率，但数据网络传输数据和数据存储却必须采用必要的安全加密措施加以保护。对数据包内的关键数据进行二次存储加密，通过客户程序与服务程序内嵌的加密以及相关的标准安全协议来确保传输过程的安全，是目前比较好的解决方案。此外，身份验证机制和系统提供的日志功能，都能够很大程度上强化系统的安全性。另外，系统还应定期进行人工或是自动备份，以避免突发性事件。

对于安全性的设计，我们多数采用这样的方法，让人力资源信息处于一种受控状态下的透明，也就是只有得到系统授权的用户才可以访问到被允许获知的信息，但同样人力资源信息很多为领导签授性文件，是要对原始信息进行存储和更新，那么如何处理这些纸质不易保存，却很机密的信息文件，这也是需要解决的问题。

（二）心理危害问题

人力资源管理数字化系统的引入，对企业员工的心理也会产生一定的影响。

1．沟通方式适应问题

信息技术和网络技术在人力资源管理领域的广泛应用，犹如互联网给人际交往带来的心理问题一样，使得人与人交往的方式发生巨大的变化，自助式人力资源服务、电子邮件（E-mail）信息传输、BBS 信息发布等成为人力资源管理部门与员工、员工与员工之间交流与沟通的主要方式，这种交流方式很大程度上取代了面谈、电话交谈，这样带来极大便利的同时，也很容易引发员工之间人际交往减少，各部门之间缺乏有效沟通，企业内部员工信任缺失，无法真正建立起高效、和谐、共同成长、信任的组织团队，对企业发展形成阻碍。

2．个人隐私安全担忧

随着人力资源数字化的引入以及员工对互联网知识的普及，员工对个人信息在企业中保存的个人信息被窃取等都存在一定担心，尤其身份证和重要证件的企业存档，都会给他们带来不同程度的惶恐不安和无所适从。

人力资源管理部门要认识到上述问题的严重性，给予高度重视。通过引入以人为本、人性化的管理理念，将人性化管理与数字化管理相结合，充分发挥人资源管理数字化系统的优势，同时避免其对员工心理的危害。

（三）个人资料保护问题

人力资源信息避免不了存在大量个人信息，因此人力资源管理数字化势必需要将大量个人资料收集并数字化，且集中保存。而个人信息通常一般包括个人身份资料比如：姓名、身份证号码、学位证书编号、资格证书编号、劳动保障编号等，永久性体貌特征比如：性别、民族、血型等，基因方面的资料比如出生日期、居住地点、家庭成员情况等，现在状态资料如工作经历、教育经历、家庭成员状况等。在信息时代，这些个人信息资料已成为一种市场价值极高的商品，而被各种前所未见的方式猎取和收集、收购和出售。

因此，人力资源管理数字化推行实施的同时，如何对系统数据库内员工个人信息保护，必须引起企业和人力资源部门的高度重视。在信息系统实施时就要充分考虑个人资料的保护，通过提高系统运行的稳定性和安全性、增设数据库的安全防护措施来确保系统内各项信息资源的安全。为确保人力资源数据库的信息安全、可靠，必须严格进行用户角色、用户权限的设定和限制，规定不同部门、不同职级、不同职能的员工获取个人资料的等级。同时完善人力资源管理的各项规章，在制度和流程的拟建上做好对员工个人信息的安全保护工作。

（四）签批文件的信息安全性

人力资源部门是企业的核心部门，他们掌握着企业人员的工资信息、员工关系处理，而其中涉及大量的企业机密文件，无法进行公开、透明，而简单地进行用户访问角色的设置往往也不能满足实际的要求。比如员工薪资上，同级别岗位但因承担的工作内容与职能的区别，都可能导致两个同岗位人员的薪资有所差异，在调薪处理上我们无法将其进行公开化，并且此类文件多为相关领导进行签批确认后才可施行，如何将这样有实际签批记录的纸质信息的扫描图像进行加密并储存就成了一个重要的课题。再如员工劳动关系的处理很多信息对外都是不予公开的，而且每一个处理案例都是企业领导层商议通过的处理意见，如何将这些机密性文件妥善保存也同样重要。人力资源部门作为企业核心信息的掌控部门，很多信息都是签授性纸质文件信息，带来的问题就是数据信息量大，纸质文稿不易保存，扫描文件面临图像加密的课题。

（五）知识产权保护问题

伴随着人力资源管理系统的引入，人力资源管理中自助服务、在线培训等功能都将得到频繁的使用。涉及上述各种功能的电子媒体的使用权、发表权、数字化复制下载等所引起的版权使用及知识产权保护问题也同样不容忽视。因此建议人力管理部门对所采用的电子媒体和多媒体课件都要进行法律咨询，合法取得授权，避免产生不必要的法律纠纷。

我们从正反两方面阐述了现代企业人力资源管理数字化带来的影响。因为人力资源工作所管理、保存的信息都是企业的重要信息资源，具有一定保密性和隐私性，同时很多签批文件是要留存，具有追溯性的，因此，信息安全也成为人力资源数字化进程中一个关键的问题。

第四章　企业财务管理及信息化发展

第一节　大数据与财务管理的关系

财务战略作为企业资源配置的决策体系，它在企业整体目标的引领下，融合了财产的购置、投资、融资以及管理，大大促进了财务部门对企业业务变化的洞察力。一方面，大数据除了海量数据能为财务管理带来更多的益处外，通过对数据的分析、处理，提取出有价值的信息，为企业的管理、决策带来更有利的支撑条件；另一方面，大数据也对传统的财务系统、财务人员素质提出了更高的要求，企业财务管理在信息的筛选、提取及分析方面要不断加强，同时，财务人员应不断提高从海量数据中提取对企业有用信息的能力。

一、传统财务管理存在的问题

（一）财务管理理念陈旧

大多数企业在生产经营过程中过分关注利益最大化，使得经营者更重视生产和销售等业绩，而疏于对企业的管理，特别是对财务部门的管理。在这样的情境下，企业的财务部门一般都是直接执行经营者的命令，而缺乏在财务数据中提取对企业的决策有价值的信息的能力。同时，传统的企业财务管理更重视有形资产，轻视无形资产对于企业的价值及其决策的意义，从而在很大程度上限制企业在大数据时代下的发展运营。

（二）财务信息的质量不符合要求

在信息化高速发展的时代，大多数企业仍然存在对于财务管理信息的核心地位认识不到位的现象，即没有意识到对海量数据集合的整理、分析及信息提取的巨大价值所在。在实践中，存在一部分企业的财务管理基础薄弱，缺乏进行集中管理的财务管理理念，财务管理体制分散，因此，很难对企业的资产进行有效的管理。而大数据时代的到来，给企业的财务管理带来了更大的挑战，传统的财务管理方式在很大程度上影响了企业财务水平的提升。

另外，我国财务评价体系局限于货币计量的财务指标，缺乏对影响企业竞争力的其他诸多因素的考虑，会计披露也难以保证及时性和层次性，难以满足财务信息使用者的要求。

（三）财务信息时效性差

网络化管理在我国起步较晚，到目前为止，虽有部分大中型企业开始实施，但难以形成规模，再加上财务部门架构越来越复杂，财务管理流程越来越长，导致信息的沟通主要依靠人工，难以实现共享和企业资源的优化整合。从需求方面来说，专门设立财务管理机构的企业比较少，财务管理多与会计核算结合在一起，这就导致企业能够开展高层次财务管理的人才较少。财务管理专门人才的缺失随着企业规模的扩大弊端日显。企业对财务管理人员的需求量越来越大。从供给层面来说，由于监管的缺失，财务队伍的整体素质下降，财务人员的供给弱化。

（四）财务管理共享性差

企业要推进财务管理水平的提升，进行信息化的财务管理，必须建立高效的财务管理系统，采取有效的财务管理信息化方式，建立高效的财务信息反馈方式。但是目前，我国大多数企业缺乏自主开发信息化财务管理软件的能力。同时，企业存在着信息不对称、不共享的情况，导致财务管理的低效率。财务会计部门与其他部门的信息往来较少，企业各部门间基于自身利益关系不会进行及时沟通；企业没有形成统一的信息标准，导致内外部之间信息不匹配，信息及数据的传输不及时，这在很大程度上会影响企业的管理决策。

（五）财务决策风险意识淡薄

在大数据时代，企业面临更大的挑战与风险，对企业财务数据信息的处理、分析及反馈也提出了更高的要求。企业对数据进行披露后，若披露的内部信息与企业现有的外部信息存在着不对称、不充分等问题，将会导致企业运营风险。同理，在企业的管理过程中，特别是对财务信息的管理，如果不能及时跟上大数据的发展步伐，不能及时应对变革，不能增加相应的危机、风险意识，这在很大程度上将会导致企业的危机。

因此，随着大数据管理、社交媒体、移动应用等数字新技术的快速发展，企业在创新管理思想、实施流程再造、完善经营模式、提升管理效率等方面取得了较好的成效。作为企业管理的重要组成部分，财务管理也迎来了创新性变革，主要表现在战略型财务、融合式财务、精益化财务、信息化财务等方面。财务管理的边界在不断拓展，与外部融合的趋势也日益明显。这种融合趋势不仅体现在财务与会计的融合、管理会计与财务管理的融合上，还体现在财务管理与业务经营的融合、产业资本与金融资本的融合等新领域。为了适应大数据的发展，传统财务管理中的各个环节有必要进行相应的调整及变革，跟上大数据时代的步伐。

二、大数据时代的财务决策需要新思维

普华永道对大型跨国公司高级管理人员的一项调查显示，超过 70%的管理人员表示数据是其“最有价值和非常有价值的资产”，然而，只有 40%的人表示能够有效地使用这些数据。这表明，企业在感觉到数据有价值和从数据中得到实际价值之间有很大的差距。产生这个价值差距，是由一系列因素，如数据是否一致、企业能否抓住这些数据、数据是否最新、数据是否受保护、数据的准确性如何等造成的。如果我们能在这些方面进行完善，就能更有效地利用更多有价值的数据，促使决策更科学合理。

（一）重新审视决策思路和环境

财务决策参与者及相关决策者在大数据的背景下依然是企业发展方向的制定者。但是大数据的思想颠覆了传统的依赖于企业管理者的经验和相关理论进行企业决策的模式，拥有数据的规模、活性以及收集、分析、利用数据的能力，将决定企业的核心竞争力。而以前企业的经营分析只局限在简单业务、历史数据的分析基础上，缺乏对客户需求的变化、业务流程的更新等方面的深入分析，导致战略与决策定位不准，存在很大风险。在大数据时代，企业通过收集和分析大量内部和外部的数据，获取有价值的信息，通过挖掘这些信息，可以预测市场需求，最终企业将信息转为洞察，从而进行更加智能化的决策分析和判断。

（二）基于数据的服务导向理念

企业生产运作的标准即为敏锐快捷地制造产品、提供服务，保证生产环节的高效运作，使企业成为有机整体，实现更好发展。企业不断收集内外数据，以提高数据的分析与应用能力，将数据转化为精练信息，并由企业前台传给后台，由后台利用海量数据中蕴藏的信息分析决策。数据在企业前台与后台间、企业横向各部门间、纵向各层级间传输，使得企业运作

的各个环节紧紧围绕最具时代价值的信息与决策展开。同样，大数据使得全体员工可以通过移动设备随时随地查阅所需信息，减少了部门之间的信息不对称，使企业生产运作紧跟时代步伐，在变化中发展壮大。在社会化媒体中发掘消费者的真正需求，在大数据中挖掘员工和社会公众的创造性。

（三）采用实时数据以减少决策风险

多源异质化的海量数据来源打破了以往会计信息来源单一、估量计算不准确的情况，使企业能够实时地掌握准确的市场情报，获得准确的投资性房地产、交易性金融资产等公允价值信息。同时，云会计对数据信息具有强大的获取与处理能力，且一直处于不断更新的状态。通过对市场信息的实时监控，可及时更新数据信息，从而保证会计信息的可靠性和及时性，有效避免由于信息不畅造成的资金损失。某服装公司采用大数据分析工具，实现了对企业内部流程的全面提升，包括全面实现价格优化和流程管理，灵活实现即时分析计算，缩短工作周期，提高数据质量和预算业务流程的效率，并利用数据分析工具灵活调整动态预测信息，将组织货源、定价优化以及供应链等环节整合在一起。这种方法使公司的毛利增加了五个百分点、库存周转率提高了10%，连续四年实现了经营收入和销售额的增长，公司的经营利润也实现了两位数的增长。

三、大数据引发的无边界融合式财务管理

（一）无边界融合式财务管理的含义

随着信息技术的进步和管理理念的发展，企业的内外部边界在不断扩展，财务管理的内涵和外延也在不断扩大。大数据时代，企业的所有部门都需要根据新环境的变化做出调整甚至变革，财务管理也不例外。

企业根据产品和市场不同细分为多个业务单元，决策者如何有效地进行资源配置，很难通过经验来判断，最终还要依赖于数据分析。大数据是根据大量真实的最新业务数据进行计算预测，在加工处理信息上利用独特优势，能够有效进行数据挖掘，帮助企业根据自身需求定制财务决策支持系统，为企业科学决策服务。借助大数据实现财务信息与非财务信息的融合后，财务决策过程将更加科学合理，避免了单纯依靠财务信息决策带来的不可控风险。此外，大数据的便捷性也使得财务信息的提取更加智能化，充分挖掘潜在信息辅助决策，将资源更好地配置在优势增长领域，提高财务处理效率。

无边界管理理念最早由通用电气原首席执行官（CEO）杰克·韦尔奇（Jack Welch）提出，该理论并不是指企业真的没有边界，而是强调组织各种边界的有机性和渗透性，以谋求企业对外部环境的改变能够做出敏捷并具有创造力的反应。无边界融合式财务管理是以企业战略为先导，强调财务以一种无边界的主动管理意识，突破现有工作框架和模式，在价值链的各个环节进行财务理念的沟通与传导，形成财务与其他各个部门的融合，促进企业整体价值可持续增长的财务管理模式。无边界融合式财务管理将财务理念渗透到生产经营的各个环节，使信息沟通能打破部门和专业的壁垒，提高整个组织信息传递、扩散和渗透的能力，实现企业资源的最优化配置及价值的最大化创造。

（二）打破财务管理的边界

根据杰克·韦尔奇的描述，企业组织中主要存在垂直边界、水平边界、外部边界、地理边界四种类型的边界，这四种边界将对组织职能的实现造成阻碍。要实现无边界融合式财务管理，必须打破财务管理的这四种边界，然而需要注意的是，此处提到的打破并不是指消除所有边界，而是要推倒那些妨碍财务管理的藩篱，具体内容如下。

1．打破财务管理的垂直边界

财务管理的垂直边界是指组织内部严格的管理层次。传统的财务管理组织架构普遍具有严格的内部等级制度，界定了不同的职责、职位和职权，容易造成信息传递失真和响应时间迟滞。无边界财务管理则要求突破僵化的定位，采用一种部门内部的团队模式，上下级之间彼此信任、相互尊重，力争最大限度地发挥所有成员的能力。此外，减少财务部门的管理层次、实现扁平化管理、建立富有弹性的员工关系、营造创新的文化氛围，也是无边界财务管理的任务和目标。

2．打破财务管理的水平边界

财务管理的水平边界是指财务部门与其他部门之间的分界线。现代企业的组织结构往往围绕专业来安排，如分成研发部、制造部、销售部、财务部、人力资源部等。在严格的水平边界下，由于每个职能部门有其特有的目标和方向，都在各自的领域内行使职责，久而久之各个职能部门可能会更多地考虑本部门的利益而忽视企业的整体目标，甚至会因为互相争夺资源而内耗不断。无边界模式下的财务管理则强调突破各个职能部门之间的边界，使财务部门与其他部门互通信息，实现企业价值链和财务链的同步。例如，构建不同部门间的工作团队、进行工作岗位轮换等都是对打破水平边界的有益尝试。

3．打破财务管理的外部边界

如今，战略联盟、合作伙伴以及合资经营的发展速度大大超过了以往任何时候，企业单凭自身的力量已经很难在市场中竞争。作为企业信息管理最重要的部门，财务管理不能只局限于企业内部分析，还要将财务管理的边界进行外部扩展，实现价值链上的财务整合。如将相关企业的信息变动纳入财务管理系统，为产业链上的供应商和客户提供财务培训等帮助，与合作伙伴共享信息、共担风险。

4．打破财务管理的地理边界

随着企业规模的扩大和全球化进程的加快，企业各个分部的地理位置越来越分散，财务部门的分散也随之形成。而作为整体战略和节约成本的需要，要打破各个地区的财务边界，形成新的财务管理模式——财务共享服务，将企业各业务单位分散进行的某些重复性财务业务整合到共享服务中心进行处理，促使企业将有限的资源和精力专注于核心业务，创建和保持长期的竞争优势。

（三）无边界融合式业财融合创新

业财融合也称业务财务一体化，其强调将财务管理理念融入业务活动的全流程中，借助信息系统进行财务治理。业务和财务的融合不是简单地将财务人员分派到业务团队中，而需要以企业前期充分的信息化建设和人才培养为前提，在价值文化的指导下重塑财务流程，对业务全程进行财务管理，通过业财联动为管理层提供决策支撑，在合理有效的绩效考核体系下对业财团队进行监督和激励，使所有的活动都贯穿价值文化理念中，最终确保企业战略目标的实现。

企业的财务管理目标经历了从利润最大化、股东价值最大化向企业价值最大化的演变。业财融合模式下，企业所有的管理活动仍要以价值最大化为目标，将战略管理与财务管理紧密结合，更加注重财务目标的高度和远度。在业务活动和财务活动中都以追求价值为目标实现融合，使业财融合对公司战略推进和业务发展的决策支持与服务功能得以充分发挥。业财融合最主要的特点就是将财务触角深入公司经营的各个方面，因此需要重塑财务流程，实现全业务流程的业财联动，保证业务信息和财务信息的及时转化。

第二节 大数据下的财务管理

传统的财务管理下，财务管理者在面对海量的数据信息时，可能不易实时、迅速、精确地获取有价值的信息，因而不能了解到事物的真正本质，出现判断错误，影响财务管理的水平，从而影响企业利益价值的实现。而大数据时代的来临，正带来一场信息社会的变革，对企业财务管理产生了深远的影响。

一、“大数据”对传统财务管理的影响

（一）财务管理环境的变化

大数据时代，人类的工作、生活、思想观念等都发生了变化，经济领域更是在发生着一场颠覆性的革命。网络化、全球化经济形势的出现改变了传统的办公和消费模式，如家庭网络办公和网上消费等，也改变了企业的经营运作方式和管理方式。在大数据的发展背景下，大数据技术的不断成熟发展以及在财务管理中的应用，为财务管理的更新改革提供了广阔的、先进的技术方法和有利条件。

（二）财务管理理念、模式的变化

随着大数据逐渐被认知，财务管理要转变财务工作的理念，要与其他部门更多地合作，财务数据分析不仅包括与财务有关的所有数据，还要更加关注非财务信息。大数据对财务管理环境和财务管理理念的影响，也无疑会改变着企业的财务管理模式。在大数据环境背景下，计算机技术的飞速发展，企业经营管理过程如采购原材料过程，生产产品的过程，销售商品过程，与银行业务往来过程等均可通过计算机网络完成，省去了人为的操作步骤，减少了人力、物力和财力资本。于是，财务管理需在管理的方法上符合现代企业管理模式的要求，可以采用业务协同、在线管理、集中管理等模式。围绕网络化和全局化，要求企业的财务部门完全融入预算、采购、制造、销售等各个环节，整理所输入数据的同时，也要对数据进行分析及处理，将企业未来发展计划需要的数据进行输出。随着经济的不断发展和大数据技术的逐渐完善，财务管理模式也要不断地完善和进步。

（三）财务数据处理的变革

财务数据是企业财务管理的核心。大数据时代，要求企业在处理财务数据过程中转变思维：一是财务数据的规模扩大，和财务相关的所有数据都在处理的范围；二是财务数据要更加关注非财务信息。管理财务数据的系统有望成为具有综合性强、覆盖面广的信息系统，为企业管理者作出决策提供全面、准确、相关度高的信息。大数据时代对财务大数据的处理提出了较高的要求，关键的是高素质人员的配置、设备的采购等在内的平台建设，构建起财务大数据中心开发平台是进行高效财务数据处理的基础，使得财务数据的处理分析更加科学精确、更加智能化，挖掘出有价值的信息，为财务决策提供有力的支撑。

（四）财务人员的转变

当前，大多数企业缺乏分析数据以及发现数据潜藏价值的慧眼。大数据使得很多财会人员开始意识到的变革的重要性，他们适应新科技的速度快慢，会大大影响企业是否能够有效利用大数据所提供的信息。而传统财务管理下，财务人员的知识、经验、观念、计算机水平等都难以适应大数据时代的新要求，严重地制约了信息化及知识化的理财进程。新形势下，财务人员不但需要掌握会计学、财务管理学等财务专业理论知识，而且需要积累一定的关于统计学、计算机科学、设计学等方面的知识，集各专业之长，为提高大数据技术在财务管理中的应用提供广泛的专业知识上的支持，不断促进大数据与财务的融合。

（五）会计核算方式的转变

大数据对传统财务管理的影响主要体现在会计核算方式上，会计核算实现了从半手工的工作方式到全自动化的工作方式的成功转型。过去，财务工作人员每天需要进行烦琐重复的基础核算工作，浪费了很多的时间和精力，现在，通过建设业务同财务相融合的信息化系统，不断实现财务与外部的融合，在一个统一的制度、统一的流程、统一的数据收集方法下，以射频技术、扫描技术等为手段，实时地对业务数据信息进行录入，财务部门建立会计分录模板和财务报告模板，实现财务工作同业务的相互联系，从而实时生成标准化的会计凭证及财务报告。会计核算方式的转变在很大程度上提升了核算的效率，改善了财务管理水平。

二、“大数据”给财务管理带来的机遇和挑战

（一）大数据时代下企业财务管理面临的机遇

（1）根据大数据的主要特征、关键技术，运用特殊的信息运算处理软件，可以及时对所获取的各种数据进行实时的处理、分析及传输等，使财务人员可以从海量的数据中挖掘出潜在的有价值的关键信息，为企业高管作出及时有效的判断、决策提供信息支撑。

（2）企业通过对庞大的数据进行筛选和分析处理，从中找出威胁企业发展的不利因素，科学合理地规避财务风险，及早预防，减少不必要的损失，着力于企业的稳定可持续发展。

（3）大数据技术能够有助于高效地创建财务分析工具，并不仅仅是简单地做账。近年来，大数据是财会领域面临的最好的最大的机遇。财务部门通过相关数据的分析，可以给企业管理者提供有关企业经营过程的实时状况。

（4）大数据有助于增强企业风险管理和内部控制的水平。对于企业的筹资活动、投资活动、营运管理活动、利润分配活动等，大数据将为其提供更为精准的全面的数据支撑。作为风险管理的依据，大数据技术助力企业构建内部控制和风险管理智能系统，使得财务人员可以更好地实现对数据的获取及分析。同时，系统也可以实时监控企业的各项业务活动，对于企业风险事件进行预警并及时处理，实现对风险有效的事前和事中控制，对风险事后的管理监测。

（5）大数据给财务人员提供一个拥有美好未来的机会。大数据的到来将会增强各部门之间的协调融合，财务人员要研究的数据的范围愈来愈宽广，数据与数据间的关系链条愈来愈完整。大数据拓宽了财务人员的视野，对财务人员的工作能力提出了更高更全面的要求。财务人员能够充分利用所拥有的数据优势，提出更有建设性的建议，为企业的发展带来巨大的价值增长，同时也给自身创造了无限可能。

（二）大数据时代下企业财务管理面临的挑战

1．数据安全性的挑战

大数据的发展推动了移动互联网技术的发展，财务管理引入该技术后，真正打破了时空的瓶颈。企业经营管理过程大都可以通过计算机网络完成，而网络的安全性尚没有保障，有关企业财务的数据关系到商业秘密、企业发展，因此，数据的安全和隐私问题是必须解决的重要问题。

2．大数据技术的应用挑战

大数据的典型特点有数据量庞大、种类多样性等，数据的存储、挖掘、分析等存在一定的技术难度。另外，我国的信息基础设施薄弱，目前宽带的速度较慢，这些都不利于发挥大数据的优势，同时，海量大数据的处理、大规模 IT 资源管理、数据仓库、数据挖掘等关键技术都需要在实践应用带动下实现突破。

3．财务管理模式转型的挑战

财务管理模式开始逐渐从管理型财务体系转向价值型财务体系，大数据技术的发展为财务信息系统实现智能化、实时化、远程化等提供坚实的技术支持，信息化的管理模式已成为推动提升股东价值的一个重要杠杆。在价值型财务体系中，财务人员将把更多的时间和精力集中在价值的管理方面及价值的创造方面，财务部门在企业中的地位也得到很大的提升，处于战略核心位置。大数据引起的新一轮的技术进步，极大地推动了财务管理模式的成功转型。

4．财务数据分析的挑战

财务管理中最具有价值的最重要的是财务数据的分析。财务数据分析是指财务人员对海量的财务大数据进行挖掘分析，进而提取出有价值的信息。大数据技术为数据的获取提供了有力支持，但同时也对财务人员的工作提出了更高的要求。过去仅仅通过简单的计算工具能够实现的数据计算，如今需要利用先进的 IT 技术。对于财务管理人员而言，需要尊重历史发展的规律，认识到大数据的影响。

第三节　大数据时代企业财务管理转型

一、大数据财务管理能力提升

（一）合理利用数据

大数据并不是万能的。在企业管理中，数据只能作为参考或者指向性的方针。大数据只能作为参考解决企业某些方面的问题，尤其在当前条件下，基础数据的真实程度难以保障，如果说在数据处理的过程中错用了这些数据，那么得出的结论往往有所偏差，企业如果盲目地相信这些数据，那么所造成的后果往往难以达到预期。所以企业的运营管理需要结合自身发展经验和当前的社会现实。大数据并不是万能钥匙，迷信盲从的结果往往是自毁前程。企业应合理利用大数据，同时更加需要智慧。

（二）注重防范危机

大数据不仅仅影响着人们的日常生活，同时也影响着企业的各项决策，企业对数据的依赖程度越来越高，对数据的处理技术也越来越成熟，但是现实的情况却是由于对数据的过分使用，导致企业在主观判断上失去了方向，造成很多企业出现决策失误的现象。这种现象的出现是由当前数据资源的现状所造成的。在这个信息大爆炸的时代，各种信息数据种类繁多、数量庞大，对这些数据进行严格筛选、提炼并通过各种精确的算法得出结论却是十分困难的。在当前的条件下，对社会上的数据资源进行筛选是一件十分困难的事情，何谈科学处理计算这些数据呢？原始的数据出现失误，那么结果自然不会正确。同时在对大数据的处理上，主观色彩十分严重，对于同一条数据，有的人抱着乐观的心态去看，有的人却抱着着悲观的心态去看，那么这样分析得出的结果自然是大相径庭的。因此，企业对大数据的判断需要更加理性，同时需要时刻注意对大数据危机的防范。

（三）以企业实际需求为出发点

由于大数据的利用需要大量的硬件设施投入和人力成本，所以在企业管理中，利用大数据的时候需要做一个全面的把控，结合自身的实际制定适合自己的大数据框架体系。就国内目前对大数据使用的现状来看，我国商业智能、政府管理以及公共服务方面是大数据利用最多，同时也是贡献最大的领域，而企业需要结合自身的实际去使用大数据。从投入成本来看，大部分企业没有足够的能力来使用大数据进行企业管理变革，企业方不要一味地去追求建立自己内部的数据系统，可以考虑用其他的方式来解决，如将自己的企业数据外包出去。

二、大数据与财务管理转型

大数据时代，数据的核心是挖掘蕴藏在数据中的决策信息，而要挖掘数据中所蕴藏价值的唯一途径就是对数据进行全面、科学的评估。因此，从大量的数据中挖掘出有价值的信息，并对企业的决策和运营进行指导是未来企业的核心竞争力形成的关键。因此，为了提升财务管控的效率，需要引入系统的解决方案，最大限度解决传统财务管理由于数据分析效率造成的决策失误。

面对大数据的挑战，财务管理转型首先是要解决信息化的问题。企业要从信息化入手，实现传统的财务处理手段的转型，利用数据化的专业财务工作系统完成各类财务工作，从而让财务人员有更多的时间来进行财务数据的分析，为企业的经营和决策带来更多有价值的数据和信息。随着财务自动化程度的提升，管理者有更多的精力去洞察业务的变化。财务分析是以数据说话，通过数据分析来更好地对业务发展趋势作出准确判断，克服主观感受带来的认识偏差，对管理层作出准确的决策给予更好的支撑。

大数据时代，财务管理所面临的不仅仅是财务数据，还需要采集和分析业务数据，这样综合起来，才能对数据背后的业务实质有着更为深刻的理解。在大数据时代下，财务管理不能仅局限在财务部门内部，不能仅针对财务数据进行分析，而需要“走出去”，与企业的其他业务部门更好地融合，要打破“数据孤岛”，将业务数据和财务数据有效地融合起来，这样才能为提升企业整体绩效提供帮助。这也将是大数据时代下，财务管理所面临的挑战。传统的财务核算业务在信息化水平提升下，其重要性将越来越弱化，大部分的财务核算工作将通过系统来实现。如果财务管理仍固守报表核算和报表分析，在大数据时代下必然难逃被淘汰的命运。只有管理转型和创新才能让财务管理抓住时代的机遇，为企业的经营发挥更大的价值。

财务管理转型，一方面可以通过“财务跨界”来实现。财务管理不再拘泥于财务数据，而是“跳出财务看财务”，把企业经营的财务数据、业务数据及企业所在市场的市场环境等综合起来，通过深入分析，提出有洞察力的建议，实现财务管理价值的提升。另一方面，财务管理需要拓展思维，有所创新。

如今，随着数据信息量的增多以及系统分析手段的增加，财务分析的水平要有一个质的提高。通过财务分析，对未来的经营有一个更为准确的预测，将“事后分析”转为“事先引导”。而且分析要更富有洞察力，支持管理层作出准确的决策，将企业的资源有效配置在增长的领域，支持企业持续发展。大数据时代下，财务管理将面临前所未有的挑战，但是如果能很好地应对这次挑战，这又将是财务管理实现转型并提升自身价值的一个很好的契机。提高数据利用，提升数据价值，不仅是企业信息化程度的提高，更应该是企业内外部数据资源整合的一个过程。而在其中，财务管理应发挥主要作用，借助数据应用和分析的主导者的身份地位，推动财务管理由会计核算逐步向决策支持转型。

云计算改变了数据运用的方式，而大数据则改变了管理决策的方式。大数据必须有云作为基础架构，才能得以顺畅运营。大数据引领一场新的信息革命。云计算使数据变得更加分散，传统数据库对于海量数据的多样化需求难以满足。大数据本身就是一个问题集，云技术是目前解决大数据问题集最重要、最有效的手段。大数据时代带来的挑战已深入各行各业的业务体系。财务系统及资产管理部门须积极提升企业绩效管理能力与风险管理水平，推动企业关键信息的整合，实现更高的利润、增长和投资回报。

在云计算应用模式下，新的管理方式能够被很快集成在“云”中，企业可以根据自己的需求选择相应的服务。由于系统部署在云端，软件服务、业务服务均可在云端进行。财务管理的云服务化，使财务管理可以在任何地域实现。财务管理活动中，企业内外部的相关数据信息都要通过财务流程来进行相应的处理，生成有利于决策的财务报表，其处理的数据量是巨大的。数据仓库、数据挖掘等技术的发展，为财务信息系统实现智能化、远程化、实时化提供了有力的技术支持，使得财务信息系统提供实时财务信息成为可能。由于国内企业信息化多发端于财务部门，原有的财务管理体系正按照信息系统的架构方式逐步进行配置与展开，信息化管理已经成为推动提升股东价值战略的重要杠杆，使得企业从管理型财务向价值型财务体系转型。

在价值型财务体系中，财务人员的工作将聚焦于价值管理和价值创造。财务人员在企业中扮演有资格的业务导向、主动的变革领导者和可以咨询相关业务的合伙人的角色。在这个过程中，以云计算为代表的新一轮技术，会对完成向价值创造型财务的转型起决定性的催化作用。在迈向“财务智慧新时代”的进程中，以云计算、大数据和共享中心为代表的主流技术应用成为价值创造型财务体系的重要技术支撑。

第四节 大数据时代的财务战略规划转型

基于大数据的新型企业管理理念正在迅速发展，这种新理念也将为企业带来新的、更高的商业价值。因此，在企业从注重微观层面转向宏观层面，从以产品为中心的传统管理模式转向基于服务的、能够与其他元素和谐共处的新型管理模式的过程中，财务战略也必须随之而变。其转变方向之一就是要聚焦提升企业对客户增值服务的附加值，突出以数据为基础的管理模式，不仅实现财务管理战略的科学化和客观性，更是为了增强企业竞争力和提高企业管理效率。

一、大数据时代企业财务战略解读

大数据时代，设立单独的财务管理机构是十分必要的。因为企业的核心资源不再仅仅局限于货币资金、土地和知识产权等，商业数据也具有同等的地位。数量巨大、形式多样的商业数据最终会通过各种形式在财务数据中体现，而财务管理人员是处理商业数据最好的人选。将财务管理机构从会计部门独立出来，配备具有丰富经验的从业人员，可以在体制上保证财务管理人员从繁杂的会计核算中解脱出来。一般的财务人员并不擅长数据分析，所以企业在招聘时可以为财务管理机构配备一些数据分析人员，由其专门负责数据的解读。

财务数据作为企业最重要、最庞大的数据信息来源，在企业财务活动日益复杂、集团规模日益庞大的今天，其处理的效率、安全等问题考验和制约着企业集团的更高一层发展。而以云计算为标志的新时代的财务共享模式，能够为大数据时代下企业集团再造财务管理流程、提高财务处理效率提供帮助。

共享服务中心（Shared Service Center，SSC）是一种新的管理模式，是指将企业部分零散、重复性的业务、职能进行合并和整合，并集中到一个新的半自主式的业务中心进行统一处理。业务中心具有专门的管理机构，能够独立为企业集团或多个企业提供相关职能服务。共享服务中心能够将企业从琐碎零散的业务活动中解放出来，专注于企业的核心业务管理与增长，精减成本，整合内部资源，提高企业的战略竞争优势。共享中心的业务是企业内部重复性较高、规范性较强的业务单元，而且越容易标准化和流程化的业务，越容易纳入共享中心。

财务共享是依托信息技术，通过将不同企业（或其内部独立会计单元）、不同地址的财务业务（如人员、技术和流程等）进行有效整合和共享，将企业从纷繁、琐碎、重复的财务业务中剥离出来，以期实现财务业务标准化和流程化的一种管理手段。

福特公司在 20 世纪 80 年代建立了世界公认最早的财务共享服务中心，整合企业财务资源，实现集中核算与管理，并取得了巨大成效。随后财务共享服务中心模式在欧美等国家开始推广，并于 20 世纪 90 年代传入我国。而随着我国企业的快速发展和规模的扩张，以及信息化技术的普及，许多国内大型企业集团已经组建了自己的财务共享服务中心，如海尔集团、中国电信等企业。一项来自英国注册会计师协会的调查显示，超过50%的财富500强企业和超过80%的财富100强企业已经建立了财务共享服务中心。财务共享模式能够为企业带来规模效应、知识集中效应、扩展效应和聚焦效应，实现企业会计核算处理的集中化运作，整合企业内部的知识资源，提高企业财务模式的扩展和复制能力，将企业财务管理人员从琐碎的财务数据处理中解放出来，专注于企业的核心业务。另外，财务共享模式的集约式管理能够提高数据处理的屏蔽性和安全性，控制企业财务风险，降低生产管理成本，提高经营效率，提升企业财务决策支持能力，优化企业的财务管理模式。

有了大数据的基础，精益财务分析就有了充分的发挥空间。比如说库存周转率，之前每月10日前做一次分大类的上月库存周转分析，而这种分析方法既粗放又滞后，对管理的改善相当有限，使财务分析失去了意义。

就库存周转率来说，当已有细至每一天、每一种物料、每一次进出库、每一个批次的数据时，系统就可以结合次日的生产计划计算出即时的细到每一个库存量单位的存货周转率。这种大数据基础之上的精益财务分析赋予了数据新的意义，并突破了学术上的库存周转率的限制。

二、大数据时代财务战略思维的转型

战略思维是企业高层管理者必须具备的素养，体现在对组织愿景的规划和对环境变化的适应上。战略思维的本质是企业决策者关于企业发展的决策思维，关系到企业的未来和发展。战略思维的形成，始于战略决策者对企业及其所处的客观环境的认知。在大数据背景下，企业与外界环境之间的边界日益模糊，信息共享和知识溢出成为企业与利益相关者之间合作竞争与协同演化的主要方式。在这样的竞争背景下，数据思维成为企业管理中的重要因素。从外界获取有价值的信息，是企业获得决策数据的重要途径，在网络时代要重视和利用大数据这种战略资源以获得竞争优势。

（一）量化思维

量化思维是指一切都可测的一种管理思想。虽然实际上现实经营管理中某些情况是不可测量的，但是企业决策者要持有这样的理念。例如，现在很多餐饮连锁企业都有消费会员卡，但是一般只记录顾客的消费金额，关于顾客消费什么则并没有记录。如果有了这样的记录，每位顾客来消费时，就不仅可以判断出其消费水平，也能分析判断出其消费偏好。管理者如果具备定量思维，秉承一切都可测的思想，记录有用的顾客信息，将会对企业的经营和战略决策产生积极作用。引领企业实现大数据转型的决策者，在进行企业重要决策时，应该养成用事实说话、用数据思考的习惯。参考数据分析结果进行管理决策，既能有效避免仅凭直觉判断的不足，也能改变企业内部的决策文化，将企业经营模式从依靠劳动生产率转移到依靠知识生产率上来。

（二）跨界思维

跨界思维认为一切事物之间都有联系，在企业经营中要发挥领导者的想象力，将看似不相干的事物联系起来，形成新的发展思路。例如，移动终端和 PC 终端的跨界，微信社交网络和电子商务的跨界。通过跨界能够开创新的商业模式，构建新的价值链。如果说通过大数据挖掘消费者需求考验的是企业的洞察力，那么高效地满足客户需求考验的是企业内在的整合与优化能力。企业要想获得价值最大化，就要善于利用大数据提升价值链的效率，对其商业模式、业务流程、组织架构、生产体系等进行跨界整合，以进一步提升为客户服务的效率和企业竞争力。基于大数据的思维不仅可以提升企业的内在效率，还能帮助企业重新思考商业社会的需求，从而推动自身业务的转型，重构新的价值链。

（三）执行思维

执行思维是指一切都可利用执行方式充分发掘和利用大数据的优势。企业收集了大量的数据，但若不加以利用，则属于资源浪费。企业应该注重实效，将大数据蕴含的市场信息发掘出来，并执行下去，及时对市场和利益相关者作出反应。在大数据时代取得成功的企业，并不是简单地拥有大数据，而是通过对大数据的分析，发现市场机会，从而开发新的市场。企业依托大数据分析获得的创意，为市场提供相当独特的产品和服务，通过高效的组织运作与执行，最终赢得顾客、赢得市场。

（四）怀疑思维

企业获取了大数据，在进行分析获取一定信息之后，有时会导致决策产生更大的偏差，因为有些决策者只依靠数据而忽略了深入的思考。实际上，有的时候数据会产生误导，所以不能对数据有盲从的思想，相应的还要有怀疑试验的思想。例如，航空公司经常根据顾客在本公司的消费情况计算其顾客价值，进而根据顾客价值的大小采取不同的营销策略。假如顾客在某航空公司年消费金额为2 000元,公司可能将其归类为低价值顾客，实际上该顾客在其他航空公司年消费额超过 2 万元。面对这样的情形，航空公司仅仅根据自己掌握的顾客消费数据进行决策，难免会产生错误或偏差。因此，管理者还需要有怀疑试验思维，要思考获得的大数据是否全面，来源是否精准，不能盲目认为只要拥有大数据，就能够进行精准的决策。

第五节 大数据时代财务工作的发展与创新

大数据时代，“一切皆可数据化”。数据驱动的企业变革方向已经达成共识，大数据应用当然会带来很多新机会、新可能，而要释放大数据的价值，归根结底还是要落地到企业在生产经营活动中对各种信息的有效应用上。在当今的世界中，企业借助大数据资源支持进行各项决策已经是互联网新常态下巨变的新时代的必然要求，通过数据分析进行战略决策、营销决策、生产采购决策、投资决策以及市场预测，已经成为大数据时代企业生存发展的必然趋势。今天所有的企业业务战略，如果没有数据支撑都不能落地，所以大数据时代信息技术和企业各项生产经营管理活动深度融合是必然的时代要求。企业信息化工作要顺应时代要求，企业才能得到生存和发展的机会。

一、财务管理信息化

财务信息系统是指以统一合理的部门合作、疏通的信息渠道为依托，以计算机、Internet、网络财务软件为手段，建立的财务信息服务系统。它运用本身所特有的一套方法，从价值方面对事业、机关团体的经营活动和经营成果进行全面、连续、系统的定量描述。

（一）财务管理信息化的内容

从专业角度划分，财务信息化可以分为财务会计、管理会计、财务管理和审计四个专业领域。从企业用户角度划分，财务信息化服务的对象包括战略决策层、管理控制层和业务操作层的人员。财务信息系统的各个专业模块各自服务于不同层面的企业用户。国内多数企业的财务信息化还处于财务会计的会计核算和财务报表的应用阶段，这些系统或系统模块对于战略决策层的规划、分析、监控的支持力度是远远不足的。一些管理领先、信息化基础较好的大型企业，已经开始了预算、作业成本、决策支持分析等管理会计信息化的应用，并取得了较好的应用效果，使得 ERP 和核算系统中的财务业务数据能够更好地满足战略决策层的管理需求。

（二）财务信息系统与其他业务系统的关系

财务信息系统与其他业务系统之间存在紧密的关系。

首先，财务信息系统是整个企业信息系统的核心组成部分，它处理企业的财务数据，包括收入、支出、成本、库存、资产负债等。这些数据反映了企业的经济状况和运营成果，因此财务信息系统生成的财务报告和分析结果对企业决策层来说至关重要。

其次，除了财务系统之外，企业还会运行其他业务系统，例如人力资源管理系统、生产管理系统、供应链管理系统等。这些系统处理各自的业务数据，但同时它们也需要与财务系统进行数据交互和集成。例如，供应链管理系统需要向财务系统提供采购、销售等数据，以便财务系统可以计算成本和收入；人力资源管理系统需要向财务系统提供薪资和福利数据，以便财务系统可以生成正确的薪酬报告。

此外，业务系统和财务系统之间还存在着大量的数据传递和共享关系。例如，业务系统中的销售数据需要及时传递到财务系统中，以便财务系统可以生成准确的销售收入报告和分析结果。同样地，财务系统中的费用数据也需要传递到业务系统中，以便业务系统可以计算成本并进行相应的业务操作。

总体来说，财务信息系统与其他业务系统之间的关系是互补、互动和共享的。它们之间相互依存、相互影响，共同构成了完整的企业信息系统。

二、区块链与企业财务管理

董莉在《区块链：诗不在远方》一文中谈道：区块链是一种公共记账的机制，通过建立一组互联网上的公共账本，网络中所有用户共同在账本上记账与核账，来保证信息的真实性和不可篡改性。区块链存储数据的结构是由网络上一个个存储区块组成的链条，每个区块中包含了一定时间内网络中全部的信息交流数据。

尽管区块链给我们的直接感受是和财务紧密相关的，但在实践研究中，对区块链的应用更多地聚焦在金融领域。好在金融和企业财务管理也有紧密的交集部分，这使得区块链还是快速地进入了各首席财务官（CFO）的视野。在这里，本书基于自己的理解和预判，来分析区块链和财务管理之间可能的应用场景和方式。

区块链最适合解决怎样的问题呢？在价值传递的情景中，采用算法自动化达成共识的机制，替代了传统达成共识低效的过程，也保证了共识参与者后续的行为一定得到执行。从区块链的特征来看，涉及多方信任的场景是非常适合使用区块链来解决的。它的去中心化、点对点对等网络、共享账簿等特征都能够对多方交易进行增信，从而改变当前的业务模型。从这个角度来说，可以从五个方面来设计区块链在财务领域的应用场景，如图 4-1 所示。

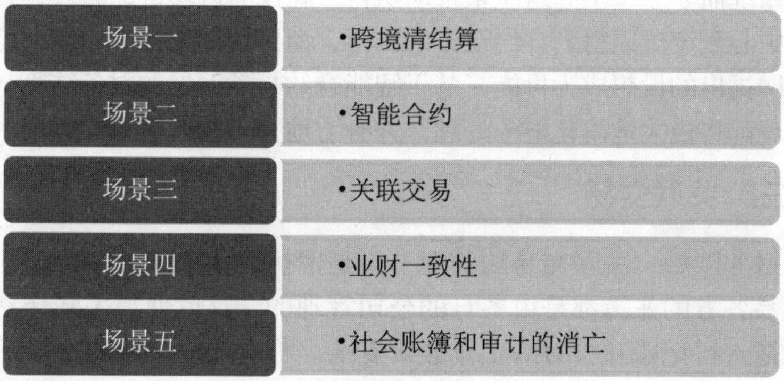

图 4-1　区块链财务应用场景

（一）跨境清结算

从目前国内的清结算交易来看，清结算面临的问题并不严重，反而是在跨境清结算交易的过程中面临较大的压力。在跨境付款过程中，非常重要甚至可以说绕不开的是 SWIFT 组织。它通过一套基于 SWIFT Code 的代码体系，将各个国家的银行构建为网络，并实现跨境的转账支付交易。对于这套体系来说，高昂的手续费和漫长的转账周期是其极大的痛点。对于在整个交易过程中处于中心地位的 SWIFT 来说，改变自身的动力并不强。但区块链技术的出现为打破这种基于中心组织的清结算体制带来了可能。去中心化的区块链交易有可能使得全球用户能够基于更低的费用，以更快的速度完成跨境转账。实际上，很多银行和区块链创新组织已经在积极展开相关的技术尝试，这也驱动 SWIFT 不得不作出自我改变，并在 2016 年年初启动实施基于区块链技术的全新的技术路线图。

（二）智能合约

智能合约同样是一个涉及双方甚至多方信任的场景。当然，从单纯的合约概念来说，它并不是一个财务概念，而是企业之间进行商贸活动的契约。但是，在区块链技术的支持下，合约的可信度得到很大的提升，并且基于电子数据完成合约的签订和承载后，合约背后的财务执行就可以更多地考虑自动化处理。那么，什么是智能合约呢？密码学家和数字货币研究者尼克·萨德在 1994 年提出了这个概念，并总结为“一个智能合约是一套以数字形式定义的承诺，包括合约参与方可以在上面执行这些承诺的协议”。简单地说，智能合约所有的触发条件都是可以用计算机代码编译的，当条件被触发时，合约由系统而非一个中介组织来自动执行。在没有区块链的时候，智能合约依赖的中心系统难以得到合约双方的认可，而区块链的出现，使得这一同步于互联网提出的设想成为可能。基于智能合约自动触发的财务结算、会计核算等处理都将极大地简化财务处理，并有力地支持智能财务的实现。

（三）关联交易

在财务领域，关联交易的处理一直是困扰财务人员的一个难题。由于关联交易各方的账簿都是由各自的公司管理的，这就使得关联交易发生后各方账簿进行记账和核对的工作异常复杂。与有一个中心的账簿不同，在关联交易模式下没有中心，也没有区块链下可靠的安全记账机制，这就使得很多时候关联交易核对出现问题。一些大型企业也试图在解决这样的问题，但在区块链出现之前，大家的探索方向是试图构建一个中心，让所有的关联交易方在这个中心完成交易登记，从而实现类似于银行清结算的对账机制。区块链的出现，让我们可以探索另一条道路，既然无中心了，那么就更加彻底，通过区块链的去中心化特征和其可靠的安全机制来实现新的关联交易管理模式。

（四）业财一致性

另一个和关联交易有些类似的场景是长期困扰我们的业财一致性问题。如果说关联交易是法人与法人之间的交易，那么业财一致性要解决的就是业务账与财务账之间的关系。相比来说，构建一套业财区块链账簿体系更加复杂。由于在企业中各个业务系统在建设的时候往往都是以满足业务发展为基本出发点的，这就使得多数的业务系统根本没有考虑对财务核算的影响，也正是这一点导致当下不少大型企业中业财一致性成为难点。如果使用区块链技术来解决这一问题，就需要在业务系统和财务系统底层构建一套分布式账簿，并由此取代现在的业财会计引擎的模式。从将业务数据自行记录传输式会计引擎转换为以会计分录进行记账的模式，再转变为业务和财务双方平行账簿记账的模式。业务和财务都同步保留业务账和财务账，从根本上实现业财一致。当然，这个过程可能会造成海量的数据冗余，并且技术实现也更为复杂。

（五）社会账簿和审计的消亡

最后，我们要谈到的是一种终极场景：如果整个社会的商业行为完全都基于区块链展开，那么对于财务来说，就不会再是每个企业自行记账的模式了。每个企业都是区块链上的一个节点，企业与企业之间所发生的所有交易都通过区块链进行多账簿的链式记账，这就使得很难出现假账。同时，高可靠性的全社会交易记载，对税务、财政等监管模式也会带来极大的影响，很可能发票也失去了其存在的价值。监管审计、第三方审计都可能失去其存在的必要性，并最终导致审计的消亡。

三、智能时代的财务变革

不知从何时开始，新闻、职场、培训、会议、论坛，几乎所有媒体和社交场合中都出现了“人工智能”这个关键词。是的，智能时代来了，这一切大概都是从阿尔法狗（AlphaGo）战胜人类开始的，随后，忽如一夜春风，涌现出各种各样人工智能的概念和应用场景。我们突然认识到，这个曾经在科幻小说中的概念来到了生活里。

（一）人工智能正在改变世界

事实上，人工智能的出现如同所有新事物一样，都经历了从量变到质变的过程，只是我们认识到它的到来迟钝和突然了一点。让我们先回顾一下人工智能的发展历程，再看看它是如何一步一步进入财务视野的。

人工智能的科学定义源自 1950 年，计算机科学的奠基人阿兰·图灵（Alan Turing）在《思想》杂志上发表论文《计算的机器和智能》，文中提出了人工智能的概念。阿兰·图灵认为，如果用一台计算机和人做问答游戏，计算机对面的人并不知道自己和谁在聊天，如果计算机骗过了这个人，让他认为对方是人类而非计算机的话，就可以说计算机实现了人工智能。这的确是以一种非常通俗易懂，并且容易验证的方式定义了人工智能。今天，要做到这一点并非很困难，如微信里经常被大家拿来晒聊天记录的聊天机器人，就几乎达到了以假乱真的程度。

早期，基于数据和统计的模式无法带来具有商业价值的应用，原因很简单：一是数据不够多；二是计算能力不够强。这两个因素制约了人工智能的发展。今天，大数据技术的快速发展以及云计算对计算能力的大幅提升，打破了这两个因素的约束，终于人工智能出现了质变的突破。

因此，从这个角度来说，现代人工智能的发展和大数据的关系异常紧密。相信大家对大数据都不再陌生，徐子沛的《大数据》用通俗的方式让人们了解了大数据的重要性。可以说，大数据是人工智能技术的核心与基础，智能时代的背后是数据时代，而数据处理恰恰又是财务人的核心能力。当然，仿生学的研究并未停滞，用计算机模拟人的神经元，并组建神经网络的研究还在一直进行中，也取得了一定的成绩。未来必然会出现再次的从量到质的改变，这也是值得期待的事情。

智能时代的到来在改变着世界，这种改变在以肉眼可见的速度进行着。不知从何时起，当你打开淘宝时，各种推荐自动出现，并且随着时间的推移，智能推荐的结果越来越贴近你的需求；无人驾驶汽车开始出现，能够基于实时采集的路况数据进行智能驾驶；智能医生可以根据你的身体数据自动开具处方；智能投资顾问可以让你远离复杂投资方法的困扰，帮助你进行资产管理。你会发现，智能化已经触及生活的点点滴滴，并且给人们的生活带来极大的便利。

（二）智能时代也在改变财务

在智能时代已经到来的时候，财务管理又是怎样的呢？趋势的力量是不可抗拒的，尽管绝大多数的财务人还没有意识到智能时代会带来怎样的影响，但它实实在在地已经来了，并且在潜移默化地改变着财务。

在当下的人工智能领域，大数据是其重要的构成部分，而进一步的机器学习则带来了更多的发展和突破。如果把仿生学的人工智能称为 1.0 模式，那么大数据即为人工智能的 2.0 模式，机器学习是人工智能的 3.0 模式。未来，还会有人工智能的 4.0 模式、5.0 模式……最终人工智能达到并超越人脑的思维能力将成为可能。

在这里并不是从技术角度来研究人工智能的，而是更关心智能时代下的财务架构会发生怎样的改变，进而看到智能时代给财务组织带来怎样的模式改变，给财务人带来怎样的认知升级，给财务信息化带来怎样的技术提升，给各种财务管理专业领域带来怎样的场景创新。智能时代正在从财务组织模式、财务人的认知、财务信息技术等方面全方位地改变着财务。

1．智能时代带来财务组织模式的变革

财务组织本身一直在进化和演变中，与技术的发展相匹配，智能时代的财务在组织层面从战略、专业、共享、业财四分离阶段进化到外延扩展阶段。在这个阶段，财务组织将具备更多与智能时代特征相匹配的新职能，如大数据分析、智能共享运营等。财务组织将从刚性运营向柔性运营转变，为业务提供更加丰富和灵活的支持。

在智能时代，财务组织的核心特点是与云计算、大数据、机器学习、区块链等技术进行协同。一方面，智能时代的新技术需要有配套的财务组织进行维护，如负责财务数据管理和维护的数据运营团队、具备学习算法能力的财务建模团队等；另一方面，财务需要拥有能够运用智能技术的团队，如基于大数据的智能风险控制团队，以及能够运用大数据进行资源配置预测的新型预算团队等。由于智能技术的人才及相关资源还没有普及，财务组织的转变难以一蹴而就。在智能时代，合理路径应当是前瞻性的组织架构变革先行，人员培养和获取随后跟进，最终建立新型财务组织。

2．智能时代带来财务人的认知升级

在智能时代，如吴军博士在《智能时代》一书封面上所言：“2%的人将控制未来，成为他们或被淘汰。”这并不是危言耸听，对财务来说，这种变化一直在发生，只是即将来临的事情未必有如此剧烈。例如，财务从纯手工作业转变为高度的网络化作业也就发生在不到20年的时间里，而其间又经历了会计电算化向财务信息化的转变。未来有三类财务人员会受到巨大的冲击，也必须面对认知的升级。

第一类是财务高级管理人员，如首席财务官或财务经理。他们是整个财务组织和财务团队的灵魂，与业务的衔接也最为紧密。在他们的认知框架里，数据和信息化的重要性比重必须显著增加。一方面，一个没有大数据思维和算法思维的管理者将是不合格的，财务将无法应用新技术工具帮助企业提升价值；另一方面，作为业务的伙伴，当整个公司的经营都已经被智能化渗透后，如果财务还没有这方面的知识储备，面对的必须是“不换思想就换人”的窘境了。财务高级管理者需要深度理解公司战略在智能时代所作出的转变，并能够主动在经营分析、资源配置等领域给予业务更好的支持。

第二类是财务经营分析或预算管理人员。他们的传统价值在于驾驭数字，能够从中找到蛛丝马迹，为业务部门提供经营分析支持，或者通过预算、考核等手段推动业务改进绩效。但在智能时代，更多经营改进的建议应当是通过人工智能进行大量数据分析后提出的，通过分析大量历史数据，从相关性中探寻规律，给出很可能靠人无法发现的绩效改进线索。在预算管理上，资源配置的基础将由智能分析提供。对这一类人员来说，其曾经引以为豪的数字加工能力、数字敏感性等不再重要。如果要成为有价值的2%的人，就必须重新构建自身能力，在大数据、机器学习等方面掌握业务建模的能力。

第三类是会计运营人员，包括财务共享服务中心的员工。财务共享服务实现了流程的标准化和作业的规模化，将曾经具有技术性的会计核算转变成流水线作业。这本身也是顺应智能时代的需要而发生的重要改变。在智能时代的后期，这种变化会进一步加剧，共享服务中心会将现有的审核作业进一步规则化，甚至是计算机通过机器学习的模式，在学习海量案例后自己形成作业规则。这样在整个流程运营中，对人员技能的需求会进一步下降，会计运营人员有可能退化为信息录入人员，甚至直接被淘汰。在这个过程中保留下的2%的人，将是有能力进行规则分析、流程设计和流程优化的少数人。

3. 智能时代带来财务信息技术的晋级

智能时代对财务信息技术的影响最直接。如上文所述，在当前阶段，人工智能的核心是大数据和机器学习，而云计算又是支撑起大数据和机器学习的计算能力的基础，由此衍生出的区块链等新兴技术也会对财务管理产生重要影响。

在大数据方面，首先要求信息系统提升自身的数据采集和存储能力。大数据需要建立在高度的业财信息系统对接的基础上，财务信息系统将能够获取端到端的，更加全面、完整的业务及财务数据，并且能够支持非结构化的数据处理。同时，需要引入新的数据存储技术，并最终形成应用。

在机器学习方面，需要找到合适的机器学习切入场景，从技术层面简化实现的难度，让未来的财务管理人员有能力参与到机器学习建模的过程中，并应及早规划并积累可用于机器学习的财务管理场景的数据。没有数据的机器学习是没有应用价值的。

在云计算方面，一是需要充分利用云计算所形成的强大的机器学习算力，以实现技术的可行性；二是让云计算在基础设施服务、软件服务、平台服务等方面给企业财务信息化带来多种价值，如更低的财务信息化建设成本、更为灵活和快速的应用部署、依托云服务获取市场管理最佳实践等。

（三）财务智能化功能架构蓝图

下面我们针对财务智能化功能架构蓝图逐一展开解析。

1. 功能架构中的数据层

这里说的是智能财务信息化架构下的数据层。和传统财务信息化架构相比，最重要的是数据的内涵发生了变化。在传统架构下，处理的主要是结构化数据；而在引入大数据技术后，结构化数据已经无法满足财务信息系统对数据的需求，非结构化数据被引入，并且成为非常重要的构成部分。因此，在功能架构的数据层中，系统对结构化数据和非结构化数据同时提供相应的管理功能，从数据的采集管理、对接管理、存储管理等方面进行相应的功能支持。

2. 功能架构中的智能引擎层

智能引擎层是架构中的另一个重要层次。之所以叫作智能引擎层，是希望在搭建智能时代财务信息系统架构时，能够对关键的支持技术进行组件化，并以引擎的形式来支持不同业务场景的应用。引擎层是一个公用的技术平台，在不同的应用场景中，能够灵活地调用相关引擎来实现配套的业务应用，从而实现整个财务信息化架构底层技术工具的共享。在智能时代的财务信息化架构中，可抽象出的引擎主要包括以下几个方面。

（1）图像智能识别引擎。图像智能识别引擎主要用于广泛地进行图片信息的识别，一方面，能够支持对结构化数据的采集；另一方面，也能够支持对非结构化数据的信息提取。同时，图像智能识别引擎可以利用机器学习来提升自身的识别能力，从而扩大可应用的价值和场景。

（2）规则引擎。规则引擎作为初级人工智能应用，会在整个财务信息化中发挥重要的作用。通过灵活、可配置的规则定义，支持在财务流程中基于规则进行大量的判断、审核、分类等应用。规则引擎的完善，一方面，依赖于经验分析后的完善；另一方面，也将基于机器学习引擎来辅助规则完善。

（3）流程引擎。流程引擎无论在哪个时代都十分重要，好的流程引擎能够全面提升财务信息系统的水平。在智能时代，流程引擎的驱动仍然是规则引擎，而规则引擎又基于机器学习得以完善优化，并最终带来流程引擎能力的提升。

（4）大数据计算引擎。大数据计算引擎是相对独立的，基于大数据的技术架构，能够处理海量的包括结构化数据和非结构化数据的计算。大数据计算引擎的实现，能够使得财务在大数据方面的应用场景得到真正的技术支持，而不是传统计算模式下的伪大数据。

（5）机器学习引擎。机器学习引擎应当能够实现监督学习和非监督学习，通过大量的不同业务场景的数据学习训练，形成相应的优化规则，并依托规则引擎作用于各种业务场景中。

（6）分布式账簿引擎。对于区块链的应用，需要在底层搭建各类分布式账簿，而我们可以考虑通过引擎化的方式，将这种分布式账簿的搭建变得更为标准和可配置。

3．功能架构中的业务应用层

业务应用层是最重要的一个层次。在业务应用层中，我们从财务业务模块和技术两个角度实现了场景功能的匹配，从而形成了相对清晰的智能时代财务信息化应用的功能场景蓝图。它可以成为有意致力于智能时代技术深度应用的企业的思维导图，并据此展开规划和实践。下面我们从财务业务模块的视角来逐一说明。

（1）共享运营。如表 4-1 所示，对于共享运营来说，在智能化方面的应用场景是相对较多的，这也是由其作业运营的特点所决定的。信息技术的进步，极大地提升了信息处理速度和传播速度，其本身对运营效率的提升是非常直接的。

表 4-1　共享运营场景与技术匹配技术

技术	功能模块
区块链	智能合约和智能核算
人工智能	智能图像识别、智能审核、智能风控、智能清结算
大数据	运营分析

（2）资金/司库管理。如表 4-2 所示，在资金管理中与共享流程密切相关的部分已经被归入共享运营中体现，而针对资金管理和司库管理来说，主要的应用在于提升基于大数据对资金和司库管理的分析、决策能力。此外，物联网技术对于账户 UKey、用印安全管理也将在企业的资金管理中发挥重要作用。

表 4-2　资金/司库管理场景与技术匹配

技术	功能模块
区块链	跨境交易
人工智能	智能资金调度
大数据	投资管理、风险管理、流动性管理、资产负债管理、资金预测
移动互联网及物联网	账户管理（UKey 和印章）
传统技术	融资管理

（3）会计报告。如表 4-3 所示，会计报告对新技术的应用主要集中在区块链对关联交易以及业财一致性的支持上。同时，类似于智能编辑，这样的场景可被应用于会计报告的智能变化。在这个领域，也会引发对未来套装软件是否能够支持智能化应用的思考。

表 4-3 会计报告场景与技术匹配

技术	功能模块
区块链	智能合约和智能核算
人工智能	智能图像识别、智能审核、智能风控、智能清结算
大数据	运营分析
移动互联网及物联网	财务众包、电子发票
传统技术	派工调度

（4）税务管理。如表 4-4 所示，税务管理在税务风险控制方面可以应用人工智能技术来进行智能时代财务管理支持，在税负分析、税费预测等领域也可以考虑引入大数据，充分利用企业内外部数据来提升分析质量。此外，税务管理中所涉及的不少应用场景也会前置到其他业务或财务系统中，这也值得我们关注。

表 4-4 税务管理场景与技术匹配

技术	功能模块
区块链	跨境交易
人工智能	智能资金调度
大数据	投资管理、风险管理、流动性管理、资产负债管理、资金预测
移动互联网及物联网	账户管理（UKey 和印章）
传统技术	融资管理

（5）成本费用管理。如表 4-5 所示，成本费用管理在费用分析方面可以考虑与大数据相结合，而在移动互联网方面，可以进行服务及商品采购的前置和线上管理，从而获得更好的管控效果。

表 4-5 成本费用管理场景与技术匹配

技术	功能模块
区块链	无

人工智能	无
大数据	费用分析
移动互联网及物联网	移动商务、电商采购
传统技术	费用报销、项目管理

（6）预算管理。如表 4-6 所示，预算管理的技术应用主要集中在大数据方面，通过大数据，加强对预算预测和资源配置的管理能力的提升。

表 4-6　预算管理场景与技术匹配

技术	功能模块
区块链	无
人工智能	无
大数据	智能预测、智能资源配置（预算编制、调整）
移动互联网及物联网	无
传统技术	预算控制

（7）管理会计。如表 4-7 所示，管理会计本身在技术层面的起步就比较晚，因此它的实现仍然基于传统技术方式。但在管理会计报告的编制中，可以考虑采用智能编辑模式，盈利分析可以考虑引入广义数据，增强分析的实用性。

表 4-7　管理会计场景与技术匹配

技术	功能模块
区块链	无
人工智能	智能管会报告
大数据	盈利分析
移动互联网及物联网	无
传统技术	收入分成、成本分摊、作业成本

（8）经营分析。如表 4-8 所示，在经营分析这个领域，大数据能够有较大的应用空间。通过数据范围的扩大、相关性分析的引入，经营分析能力能够得到提升。

表 4-8　经营分析场景与技术匹配

技术	功能模块
区块链	无
人工智能	智能经营报告
大数据	经营分析
移动互联网及物联网	经营仪表盘
传统技术	绩效管理

（四）财务与科技的信息化协同

智能时代财务信息化的架构发生了很大的改变。在数据层面，从结构化数据到非结构化数据；在技术层面，大数据技术、机器学习、分布式账簿等新技术引擎将被广泛地应用到财务信息化中。

在应用场景中，一方面，传统的财务信息化应用场景会被优化，形成更为高效或有用的升级场景；另一方面，基于新技术的新应用场景也将大量涌现。在这样的背景下，财务部门内部、科技部门内部、财务部门和科技部门之间的协同变得更加复杂，也尤为重要。但我们不得不正视的是，在智能时代来临伊始，很多财务部门和科技部门都没有做好这样的准备，面对快速来临的技术革新，往往措手不及。因此，在这里我们有必要一起来认真地研究一下智能时代可能给传统的财务、科技协同关系带来怎样的挑战，以及构建怎样的新机制来积极面对。

1．财务构建统一的信息化中枢

对于财务组织内部来说，要打破信息化的建设边界。打破边界的方法可以考虑在财务体系中构建统一的信息化中枢，这个信息化中枢可以是实体组织，也可以是虚拟组织。实体组织可以体现为财务信息化团队或部门的形态，如某领先互联网企业内部设有财经 IT 部、某大型国有商业银行有会计信息部这样的组织，这些实体化的专有组织能够在财务体系内部起到统筹协调的作用。对于没有条件设立统一财务信息化团队的企业来说，可以考虑设立虚拟机构，如设置财务信息化管理委员会之类的跨部门统筹组织。尽管它在力度上弱于实体组织，但也能够起到一定的统筹协调作用，并且在财务信息化架构搭建和重大项目的推进过程中发挥重要作用。

2．科技面向财务的团队和架构的私人定制

对于科技部门来说，要实现与财务的紧密协同，应当考虑构建面向财务提供服务的专属团队。在这样的专属团队中，应当从组织架构上打破传统按业务模块独立设置团队的模式，构建能够更好地匹配未来的平台化架构，包括专属需求分析团队、架构师团队、公用平台研发团队和场景实现团队面向财务的私人定制。需求分析团队应当能够有效支撑智能技术与财务需求团队的对接；架构师团队能够站在产品化和平台化角度，科学构建财务信息化框架；公用平台研发团队应当能够打通财务各业务模块的底层，对可公用的技术功能进行组件化研发，并实现在不同业务场景中的应用；而场景实现团队则在公用平台的基础上，针对不同的业务场景需求来进行技术实现。通过这样一个平台与定制化相结合的科技团队组织来实现对财务智能化的有力支持。

3．科技内部市场化实现新技术引入

对于科技内部各类“黑科技实验室”之间的协同，不妨考虑引入市场化机制。由于各类“黑科技实验室”主要的服务对象是企业的业务场景，而对于作为后台的财务场景来说，要想获得大力度的支持并不容易。在这种情况下，引入市场化机制，通过内部交易的形式，向“黑科技实验室”付费购买相关的技术支持，能够充分调动“黑科技实验室”协同的积极性，也能够更好地从机制上让财务和业务站在同一条起跑线上。当然，并不是所有企业都有条件去建立内部市场化机制，必要的时候，寻求行政命令资源的支持也是可行之路。

4．集团推行产品平台并定义自由度

对于集团企业来说，要满足标准化与个性化的平衡，不妨考虑将集团自身视为财务智能化产品的提供商，在集团层面构建基于产品化理念，设计信息化平台。在产品的设计过程中，集团应当充分引入业务单元来进行产品化需求的论证和设计，通过大量的调研形成需求，并最终搭建平台。各个业务单元在实际部署信息化时，集团将其当作一个产品客户，通过进一步的需求调研，引入实施方法论，在产品化平台的基础上进行配置实施和少量且可控的定制化开发。通过这种模式，集团财务能够搭建一个开放式的财务智能化产品平台，并借助平台实现管理的标准化和自由度的定义。在财务智能化进程中，财务与科技的协同是一个技术与艺术并存的话题，找到合适的平衡点、实现双赢是财务智能化之路成功的关键。

第五章　大数据与企业物流供应链管理

第一节　企业物流与供应链关系分析

一、物流系统

（一）物流系统的含义

所谓物流系统是指按照计划为达成物流目的而设计的相互作用的要素的统一体。其目的与作用是将货物按照规定的时间、规定的数量，以最合适的费用，准确无误地送达目的地，完成物品的使用价值的物理性转移，最终实现物品的社会价值。

（二）物流系统的特征

明确物流系统的特征有利于做好物流系统规划和设计。物流系统具有如下特征。

1．目的性

物流系统一定要有明确的目的，而且这个目的只有一个，就是保证将市场所需要的商品，在必要的时候，按照必要的数量送达到需求者的手中。物流系统的设计或者说将现存的物流结构向物流系统转变，首先必须明确物流系统的目的。

2．整体性

为保证物流系统目的的实现，构成物流系统的各个功能要素或者说子系统必须围绕着物流系统的目标相互衔接，构成一个有机的整体。相对于系统的目的来说，各项功能活动只是实现系统目标的手段。例如，运输本身不是目的，超过实际需求量的运输，即便是高效率的满载运输，对于物流系统来说都没有任何意义。在这个整体中，部分的合理化和最优化并不代表整体的合理化或最优化。

评价物流系统质量高低很重要的一个标准体现在物流成本上，在保证物流系统目的实现的前提下，使物流总成本最低是我们构筑物流系统或者说实现物流系统的重要目的，为此，必须运用效益背反的原理对物流因素进行最佳结合。

3．服从性

企业物流系统的上位系统是企业的经营系统，物流系统是企业经营大系统的一部分或者说是其子系统，为企业经营大系统服务。物流系统目标的设定，如物流服务水准设定要以企业总体的经营目标、战略目标为依据，服从企业总体发展的要求。企业物流的最终目的是要促进企业的生产和销售，提高企业的盈利水平。

4．信息性

物流系统中各个环节的衔接配合离不开信息功能，信息是构成物流系统的核心要素，为使物流系统按预定目标运行，必须对物流系统运行中出现的偏差加以纠正，设计出来的物流系统在运行的过程中也需要不断完善，这些都需要建立在对信息充分把握的基础之上。从这个角度来说，物流系统具有较强的信息性。

（三）物流系统运行的基本原理

物流系统具有输入、输出、处理（转化）、限制（制约）、反馈等功能。根据物流系统的性质，具体内容有所不同。

1．输入

输入也就是通过提供资源、能源、设备、劳力等手段对某一系统发生作用，统称为外部环境对物流系统的输入。包括原材料、设备、劳力、能源等。

2．处理（转化）

它是指物流本身的转化过程。从输入到输出之间所进行的生产、供应、销售、服务等活动中的物流业务活动称为物流系统的处理或转化。具体内容有：物流设施设备的建设；物流业务活动，如运输、储存、包装、装卸、搬运等；信息处理及管理工作。

3．输出

物流系统与其本身所具有的各种手段和功能，对环境的输入进行各种处理后所提供的物流服务称为系统的输出。具体内容有：产品位置与场所的转移；各种劳务，如合同的履行及其他服务等；信息，场所时间性质效用、成本费用等。

4．限制或制约

外部环境对物流系统施加一定的约束称之为外部环境对物流系统的限制和干扰，具体包括：资源条件，能源限制，资金与生产能力的限制；价格影响，需求变化；仓库容量；装卸与运输的能力；政策的变化等。

5．反馈

物流系统在把输入转化为输出的过程中，由于受系统各种因素的限制，不能按原计划实现，需要把输出结果返回给输入，进行调整，即使按原计划实现，也要把信息返回，以对工作作出评价，这称为信息反馈。信息反馈的活动包括：各种物流活动分析报告；各种统计报告数据；典型调查；国内外市场信息与有关动态等。

（四）物流系统的结构

系统的结构就是构成系统的要素及其之间的相互联系、相互作用的方式或形式，是系统保持整体实现功能的内在基础。物流系统是由物流要素组成的，这些要素可以组成的结构类型很多，例如，物流系统的流动结构、功能结构、供应链结构、网络结构、产业结构等。

1．物流系统的流动结构

物流系统是一个完整的流，它具有流的五个流动要素：流体、载体、流向、流量、流程。物流的五个流动要素是相关的，流体的自然属性决定了载体的类型和规模，流体的社会属性决定了流向、流量和流程，流体、流量、流向和流程决定了采用的载体的属性，载体对流向、流量和流程有制约作用，载体的状况对流体的自然属性和社会属性均会产生影响。由此，对于物流系统应该根据流体的自然属性和社会属性，流向、流程的远近和具体运行路线，以及流量的大小与结构来确定载体的类型与数量。在网络型的物流系统中，一定的流体从一个点向另一个点转移时经常会发生载体变换、流向变更、流量分解与合并、流程调整等情况，如果这种调整和变更是必要的，那么也应该减少变换的时间、减少环节、降低变换的成本等。

2．物流系统的功能结构

物流系统的基本功能要素包括运输、仓储、包装、装卸搬运、流通加工、配送和物流信息处理等。这些功能要素之间相互联系、相互作用，它们的组合方式以及时空关系的表现形式形成了物流系统的功能结构。一般而言，物流运作各个阶段都要具备的功能首先是运输，然后是储存。运输创造了“物”的空间价值，仓储创造了“物”的时间价值，装卸搬运功能伴随运输方式或运输工具的变换、物流作业功能之间的转换而产生。物流中的包装功能、流通加工功能是在流通过程中才发生的，但也不是每一个物流系统都需要进行的作业。现代物流业具有复合功能，即一般是由两个以上基本功能构成。

3．物流系统的供应链结构

通常，供应链由原材料供应、生产、流通、消费四个基本环节组成，在每一个环节中都有物流活动的支持。因此，整个供应链的物流系统就由原材料供应物流系统、生产物流系统、流通物流系统和消费物流系统组成。在原材料供应阶段，从原材料产地到需求地，需要进行原材料的运输、储存、装卸搬运、加工、包装、原材料物流信息处理等作业。企业采购原材料后，储存在仓库中，在生产线上原材料被加工成半成品，半成品进一步被加工成成品，半成品和成品都要储存在企业的仓库中，只有在采用“即时制”生产的企业，产成品才会在生产出来之后不经入库储存而立即被装车发运，这是生产物流系统。零售店从制造商采购商品后，由供应商从物流中心或配送中心发货到零售店的配送中心，在此配送中心要进行一些流通加工，销售时再从配送中心提货陈列在柜台上，这是流通物流系统。消费者购买商品后可能会有退货、换货等，零售店接受消费者的退货后暂存，然后再退给供应商或者处理掉，这就是消费过程中的物流系统或者是废弃、回收物流系统。

4．物流系统的网络结构

任何物流系统都可抽象成不同类型的网络。网络由两个基本要素组成：点和线。在物流系统中供流动的商品储存、停留，以及进行后续作业的场所称为点，如工厂、商店、仓库、配送中心、车站、码头等，点是物流基础设施比较集中的地方。连接物流网络中点的边称为线。点和线结合在一起，构成了物流系统的网络结构，具体指货物从供应地到需求地的流动结构。将货物从供应地运送到需求地可采用两种基本的物流网络形式，一种是直送形式，另一种是经过物流节点的形式，其他形式都是这两种基本形式的组合。

5．物流系统的产业结构

物流系统的产业结构可以从以下两个方面划分：一是按照物流业务环节划分，可分为运输业、仓储业、包装业、装卸业、流通加工业、邮政业、物流信息业等；二是按照物流业务组织化程度划分，可分为第一方物流、第二方物流、第三方物流、第四方物流等。

二、供应链

（一）供应链的含义

供应链一词源于英文的“supply chain”，也有人称其为“供给连锁”。那么，供应链的真实含义是什么?对于供应链，目前尚未形成统一的定义。首先看下面的例子：我们购买饮料可以去附近的零售店买，也可以去超市、便利店等处购买。陈列于零售店的饮料，在消费者取到手之前是经过怎样的途径到商店的？饮料的制造商生产饮料，首先要采购原材料，并进行生产。生产出来的饮料为了保持鲜度，需要通过各种流通渠道快速地运送到零售商店。小规模的商店通过批发商进货，大型连锁零售商则不通过批发商，直接从制造商进货。一般而言，某一商品从生产地到达消费者手中，有如下的厂商及相关人员依次参与：供货商、制造商、批发商、零售商、消费者。

依据上述的例子我们将这些与供货密切相关的企业和人员的衔接称为供应链。其实我们如果从另一个角度看，供应链也具有其他名称，如若从商品的价值是在业务连锁中渐渐增值的角度看，可称为“价值链（Value Chain）”；另外，从满足消费者需求的业务连锁角度看，亦可称为“需求链（Demand Chain）”。

我们总结这个定义的特点，有以下三个。

（1）供应链是一个涉及范围极广的概念和运作模式，从构成上来看它几乎包含了企业经营过程中所有加盟的节点企业，从原材料的供应到最终的产品销售都有供应链企业的存在。

（2）在整个供应链企业网络中，每个企业在供应链中扮演的角色都不一样，他们既是客户又是供应商，他们既会向上游企业采购物品，又会向下游企业供应货物，有些企业还可以提供某些服务，比如运输、库存管理等。

（3）从业务价值的角度来看，供应链不仅是一条连接商品生产、运输、存储以及销售各个环节的信息链、资金链，更是一条增值链。这个增值链有一个奇特的性质就是供应链条上的每个企业在运作过程中都会获益，但最后商品销售到购买者的手中时，价格却不高。

（二）供应链的特征

我们已经知道了供应链的含义，那么从中我们可以看出供应链应该是一个网链结构，整个网、链的核心是供应商、生产商以及销售商，所有的供应链服务都是由围绕这三种企业开展的。供应链的主要特征有以下五个方面。

1．协调性和整合性

供应链是一个企业关系网络复杂、企业业务和服务交叉进行的复杂整体，因此如果供应链本身不具有协调与整合各个企业功能，整个供应链系统根本不能正常地运行。从现实状况来看，大多数供应链都能够高效率运转，各个合作者像链条一样环环相扣，联系紧密。协调与整合供应链条上各个企业根本因素就是共同的目标。每个供应链成员企业都是“链”中的一个环节，都要与整个链的运作一致，绝对服从于全局，做到方向一致。

2．选择性和动态性

供应链中的企业大部分都是经过核心企业直接或间接筛选之后确定的，从关系上来说他们是合作伙伴，不存在竞争性，大家的总体目标和利益趋向是一致的，各个企业关联紧密。供应链中的合作企业，他们的目标因为供应链的存在而存在，他们的目标会随着供应链目标的转变而转变，随服务方式的变化而变化，因此，它随时处在一个动态调整过程中。

3．复杂性和虚拟性

复杂性是指影响供应链的形成发展和繁荣的因素有很多，比如国情制度、法律、文化、环境、习俗、经济发达程度、物流基础设施等，另外物流管理的水平、教学以及研究成熟度对供应发展也具有重要的影响。

虚拟性是指供应链并不是“流水”，每个企业并不是只要干好自己的工作就可以了。如果说整个供应链是一个大的企业，那么节点的每个企业就像是供应链的各个部门，各个部门相互协作、将自身的优势发挥到最大。

4．交叉性

节点企业可以是这个供应链的成员，同时又是另一个供应链的成员，众多的供应链形成交叉结构，增加了协调管理的难度。

5．面向用户需求

供应链的形成、存在、重构在市场经营和运作过程中都是不可避免的现象，它们发生的这些变化都是市场调节和价值规律自我调节的结果。供应链的形成是伴随着市场的形成，供应链的重构往往意味着市场发生了巨大的变化，企业稳定经营环境和状态遭到了破坏。

（三）供应链的分类

1．稳定的供应链和动态的供应链

根据供应链存在和运行的稳定性划分，我们可以将其分为静态供应链和动态供应链。当然我们这里所说的稳定只是在一定的市场和经营条件下能够相对稳定地运行、保证各个企业都发挥出其基本的作用的一种运行状态。静态供应链并不意味着整个供应链处于静止之中，只是说其运行状态在当前的运营条件下处于一个相对稳定的状态。

2．平衡的供应链和倾斜的供应链

根据供应链容量与用户需求的关系，我们可以将其划分为平衡供应链和倾斜供应链。供应链的正常运作并不是只对供应链的结构（即供应商、制造商、运输商、分销商、零售商等）有具体的要求，对用户需求也具有一定的依赖性。

供应链在其形成之后就会以相对固定的形式稳定下来，但是从市场来看用户的需求却是不断变化的，这也导致了供应链与企业合作的风险增大。当供应链的容量能满足用户需求时，供应链处于平衡状态，当市场需求发生变化的时候，供应链就会出现倾斜。

3．有效性供应链和反应性供应链

不同的供应链具有不同模式的功能和发挥的途径，根据供应链的这一特点我们可以将其分为有效性供应链和反应性供应链。有效性供应链与反应性供应链的比较如表 5-1 所示。

表 5-1　两种类型供应链的比较

比较项目	市场反应性供应链	物理有效性供应链
基本目标	尽可能快地反映不可预测的需求，使缺货、降价、废弃及库存达到最小化	以最低的成本供应可预测的需求
比较项目	市场反应性供应链	物理有效性供应链
制造核心	配置多余的缓冲库存	保持较高的平均利用率
提前期	大量投资于缩短提前期	在不增加成本的前提下，尽可能缩短提前期
选择供应商的方法	以速度、柔性和质量为中心	以成本和质量为核心
产品设计策略	以模型设计尽可能地减少产品差别	最大化绩效和最小化成本

（四）供应链的结构

1．发散网结构

发散网是一种网状的供应链结构，也是一种十分常见的供应链结构。在供应链形成的发散状的物流网络中，通常是物料的大宗、集中运输，小宗、分散的物料一般不存在，这些物料经过加工企业的加工成为其他企业生产最终产品的原材料。钢铁制造业的物流供应系统就是典型发散网结构，不同的钢铁制品需要不同形式的钢材为原材料进行生产，钢材必须经过中间企业的加工才能成为最终产品的原材料。

2．会聚网结构

供应链的产品运作终端是消费者，无论供应链的形式和过程如何复杂其最终目的都是将企业的产品以最小的成本输送到消费者的手中，因此从某种意义上来说消费者是驱动整个供应链运作的动力。这个道理在生产材料的存储和运输中同样适用。对于原材料供应企业来说其产品的消费者就是生产企业，因此他们进入供应链的目的就是减少原材料供应成本来获取更多的市场和订单。

在供应链中企业经常会遇到这种情况，为了满足某一个客户的需求原材料供应商不得不从多家企业采购材料，这种运作模式的供应链系统就是一种典型的汇聚型的供应网结构，也可以称为“A 字状结构”。航空工业（飞机制造）、汽车制造业等行业的原材料供应系统以这种结构为主。

3．T 形网结构

我们前面为大家介绍了发散网和汇聚网两种供应链结构，T 形网结构就是介于这两种结构之间的一种供应链结构。T 形网结构的供应链主要存在于接近最终消费者的供应链环节中，比如医药保健品、汽车配件、电子产品、食品和饮料等公司。更广泛地说，T 形网结构的供应链也存在于为汽车、电子和飞机制造企业提供配件的物流领域。T 形网络是所有供应链结构中最复杂的一种，想要保证它的正常运转需要解决大量的问题、面对各种复杂的挑战。

从控制论的角度来说，维持 T 形网络结构供应链高效率运作的关键因素有两个，一是减少产品品种，二是提高企业产品管理方法。随着电子信息技术的逐渐繁荣，在物流信息系统的辅助下企业可以对产品进行实时监督和管理，大大提高管理的效率，从而保证整个供应链的正常运作。

三、企业物流与供应链的关系

（一）物流与供应链的联系

克里斯托弗（Christopher）曾经说："21 世纪的竞争将不是个别企业和产品的竞争，而是供应链的竞争。"人们最初提出"供应链管理"一词，是用来强调物流管理过程中，在减少企业内部库存的同时也应考虑减少企业之间的库存。随着供应链管理思想越来越受到欢迎和重视，其视角早已拓宽，不仅仅着眼于降低库存，其管理触角伸展到企业内外的各个环节、各个角落。从某些场合下人们对供应链管理的描述来看，它类似于穿越不同组织界限的一体化的物流管理。

供应链管理的一体化十分强调物流管理的重要性。供应链管理提供给供应链成员企业一个机会，使它们能够从企业间整合的层面上来取得最优的物流管理业绩。在此前提下，这种方法将供应链上从原材料到最终消费者的所有物流进行整体的管理。这就意味着对现有的各企业相互独立、合作有限的物流管理进行根本性的变革。

实质上，供应链管理战略的成功实施必然以成功的企业内物流管理为基础。能够真正认识并率先提出供应链管理概念的也是一些具有丰富物流管理经验和先进物流管理水平的世界级顶尖企业，这些企业在研究企业发展战略的过程中发现，面临日益激烈的市场竞争，仅靠一个企业和一种产品的力量，已不足以占据优势，企业必须与它的原料供应商、产品分销商、第三方物流服务者等结成持久、紧密的联盟，共同建设高效率低成本的供应链，才可以从容应对市场竞争，取得较大的市场份额。

供应链范围的物流管理战略将成为供应链成员企业建立特定物流管理战略的首要考虑因素。分销网络、运输模式、运输工具管理、库存管理、仓储、订货流程以及其他所有相关活动都要被考虑进来。物流管理的范围现在已经扩大到了整个供应链（而不只是供应链上的每个单位成员）。物流过程受先进的管理模式的影响，供应链管理是当代物流管理的大背景。

物流是供应链的基础。供应链及供应链管理最早是从物流系统开始的，主要是进行供应链的局部性研究。供应链与物流系统有着十分密切的关系。物流系统有狭义和广义两个方面的含义。狭义的物流系统是指物资的采购、配送、储备、运输等活动，是企业之间的一种物资流通活动。广义的物流系统包括了整个生产过程中的物料转化过程，即供应链管理。供应链系统是物流系统的扩展和延伸。供应链与物流系统的密切联系有以下几点。

1．物流在供应链管理中起重要作用

在供应链管理中，物流的作用举足轻重，即便是制造活动，物流也不仅仅是生产的辅助部门而只起支持作用。现代企业环境的变化要求企业能尽快适应市场需要，物流系统具有和制造系统协调运作的能力，可以提高供应链的敏捷性和快速反应能力，增强其对于环境的适应性。例如，物流系统可以做到：准时交货，降低用户成本；降低流通费用，减少供应链消耗；快速反应与传递市场信息，创造顾客价值，提高供应链的竞争力；供需协调，实现供应链的快速连接。以往商品经由制造、仓储、批发、零售各环节间的多层复杂途径，最终送到消费者手里。现代物流业已简化为经配送中心的直接分配而送至各零售点，大大提高了社会的整体生产力和经济效益。

2．物流贯穿于整个供应链

供应链实质包括了供与需两个方面，也可以理解为供需链。物流连接着供应链的各个企业，是企业间合作的纽带，它从供方开始，沿着各个环节逐步地向需方移动。每一环节都存在“供方”与“需方”的相互对应关系，称为供应链。供应链就是一条从供应商的供应商到用户的用户的物流链。

3．物流是供应链管理的重要组成部分

物流管理不能等同于供应链管理，供应链管理中还包括制造活动等，但物流解决整个管理过程中物的流动问题，是供应链管理的重要方面。供应链管理涉及从原材料到产品交付的整个物流过程，需要靠物流来实现交换和流通。物流是供应链实现价值的基础，因此，供应链管理中有相当大的部分涉及物流管理，强调物流活动的效率和适应性。

供应链系统物流适应了企业经营理念的全面更新，使其经营效益跨上一个新的台阶。供应链条件下物流系统的充分发展，能不断地创造和提供从原料到最终消费者之间的增值服务。

4．供应链是物流发展到集约化阶段的产物

现代供应链管理就是通过整合供应者到消费者的供应链运作，使物流达到最优化。企业要追求系统全面的综合效果，而不是孤立、单一的片面成效。企业通过与供应链中的上、下游企业而进行整合，从而形成先进的物流系统。作为一种战略概念，供应链也是一种产品，而且是可增值的产品。其目的不仅仅是降低成本，更重要的是提供给用户期望以外的增值服务，来产生和保持竞争优势。从这种意义上讲，供应链是物流系统的充分延伸，是产品与信息从原料到最终消费之间的增值服务。各种物料从采购到制造到分销，是一个不断地增加其市场价值或附加值的过程，各个环节的价值增值也各不相同，一个环节的重要性主要取决于它能带来多大的增值价值。

（二）物流与供应链的区别

1．含义不同

我们从美国物流管理协会（the Council of Logistics Management，CLM）对物流（Logistics）的最新定义可看出，物流是供应链管理（Supply Chain Management，SCM）的一个子集，两者并非同义词。CLM 的定义清楚地表明，物流在恰当的实施下，总是以点到点为目的的。20 世纪 80 年代到 90 年代的大多数教科书也持这一观点。而供应链管理将许多物流以外的功能穿越企业间的界限整合起来，它的功能超越了企业物流的范围。越来越多的物流企业和组织已认识到并承认两者间的区别，这样往往使其能够更成功地实施供应链管理。

关于这一点，一个明显的例子就是企业的新产品开发。众所周知，强大的产品开发能力可以成为企业有别于其对手的竞争优势，乃至于成为促使其长期发展的核心竞争能力。而在产品开发过程中，需要涉及方方面面的业务关系，包括营销理念、研发组织形式、制造能力和物流能力、筹资能力等。这些业务关系不是一个企业内部的，往往还涉及企业的多个供应商或经销商，以便缩短新产品进入市场的周期。而这些都是供应链管理要整合的内容。显然，单从一个企业的物流管理的角度来考虑，很难想象会将这么多的业务关系联系在一起。

2．形成与发展不同

从人类社会的历史学角度来说，物流活动在人类社会进行产品交换的时候就存在。其概念的产生开始于第二次世界大战美国军队战争供应的“后勤理论研究”，即为达到战争物资“优质服务、快速、低成本”要求提高对物流的管理。物流发展于 20 世纪 50 年代至 80 年代，由于机械化生产的大力发展，产品数量不断地急剧上升，生产成本相对下降，刺激了消费，造成了市场的繁荣。但伴随而来的是流通成本相对生产成本有了上升的趋势。发达国家企业为了追求利润而将竞争焦点放在了物流领域，即企业已无法通过节约生产成本和销售成本实现销售利润的增加，开始重视通过物流成本的节约来增加销售利润，所以“第三利润源泉”成为企业获得市场竞争优势的主要战略。

供应链管理思想的形成与发展，是建立在多个学科体系（系统论、渠道管理等）基础上的，其理论根基远远超出了传统物流管理的范围。正因为如此，供应链管理还涉及许多制造管理的理论和内容，它的内涵比传统的物流管理更丰富，覆盖面更加广泛，而对企业内部单个物流环节的注意就不如传统物流管理那么集中、考虑那么细致。

供应链的发展是源于外部环境的剧变。20 世纪 80 年代以来，由于科技飞速的进步和生产力的发展，顾客消费水平不断提高，需求日益多样化，企业间竞争加剧，加上社会环境、政治、经济的巨大变化，使得市场不确定性不断加剧。传统的纵向一体化模式已经无法适应外部环境变化，日益暴露出各种弊端，比如企业投资负担增加，丧失市场机会的风险增大，面临众多的竞争对手，被迫从事自己所不擅长的业务活动，企业竞争力被削弱等。为了解决上述弊端，提高竞争力，企业管理模式开始变革。所以“横向一体化”思想逐渐兴起，它利用企业外部资源快速响应市场需求，企业抓住了最核心的两种东西——产品和市场。这样，就形成了一条从供应商到制造商再到分销商贯穿于所有企业的“链”。由于相邻节点企业表现出一种供应和需求的关系，当把所有的相邻企业依次连接起来，就形成了“供应链”。

物流一直有“第三利润源泉”的说法，其产生和发展最早是因为降低成本的需要；而供应链则是横向一体化思想对传统的纵向一体化模式的挑战，是企业管理模式的改革，它更着重于强调企业对外部环境的应变能力的提高。

3．研究范畴不同

物流主要是研究物品在流通过程中所产生的一系列经济活动，即针对包装、装卸搬运、流通加工、运输、仓储等活动进行管理。就按照管理范围来看，可将其分为宏观物流和微观物流、企业物流和社会物流，其具体管理形式表现为物流企业和企业物流。供应链则是企业的一种管理模式，强调了企业为提高对外部不确定性的适应能力，通过企业之间结成战略联盟来增强对市场需求的应变能力，它更加着重于表现出一种管理思想被应用到微观企业的管理模式上。

按照研究范畴来说，物流比供应链研究范围要宽，它不但涉及微观企业运作的研究，还涉及宏观社会物流的研究，如物流企业虽然属于物流研究范围，但是物流企业并不在供应链中的节点企业中占有一席之地，供应链的节点企业很多表现为分销商、供应商、制造商等。

4．复杂程度不同

物流管理主要强调了如何协调各种物流活动，实现“成本最低、位移最少、时间最短”的原则；而对于供应链来说，其管理复杂程度比较高，它不但涉及物流，而且需要对商流、信息流、资金流进行管理，最为关键的是，需要面临来自合作企业之间的博弈风险，需要针对战略合作伙伴关系进行管理。所以就管理内容而言，供应链的管理比物流的管理更为复杂。

不管物流还是供应链，它们都需要“以客户为中心”，都必须从系统化的角度出发来完成管理活动，并且对信息化建设有较强的依赖性。总之，物流和供应链的发展只有通过信息化、系统化才能实现管理的现代化，提高企业的核心竞争能力。

（三）物流与供应链的共同发展趋势

1．供应链的有效实施需要依赖于物流平台的支持

供应链上任何一种商品交易活动，一般包括了物流、信息流、资金流和商流。后三种流的处理可以通过网络通信设备和计算机，利用信息交换的手段得以实现，而物流是任何虚拟化手段都很难全盘实现的。所以使供应链顺畅，使商品和服务能够真正转移到消费者手中，必须要有物流的支持，即供应链的发展需要企业物流和第三方物流企业来提供服务支持。企业通过仓储运输活动的合理化，有效地支持供应链上各节点企业实现了无缝连接；物流企业通过提供特殊服务，使供应链上的节点企业能将部分不具优势、不擅长的物流活动通过市场转移到市场上一流的物流企业来实现。最终达到供应链的总成本降低，价值活动增值，提高了供应链应变速度，使得整条供应链的竞争力得到提升。相反，如果缺少物流的支持，供应链将由于“物流”瓶颈使整条供应链的运作效率低下，流通不畅，牛鞭效应加剧，对市场反应能力迟缓。所以，物流的发展水平决定了供应链的发展水平，它是供应链是否成功的关键。

2．现代物流的合理化发展依赖于供应链思想的指导

现代物流合理化运作的最终目标是以最低的成本来实现客户的最大满意

度，即在规定的时间内将正确的产品以合理的成本和合适的质量送达给合适的顾客。但是要实现这些目标，必须从系统的角度出发，实现外部资源和内部资源的有效整合，这就依赖于供应链思想的指导，即通过建立合作联盟，提高供应链中多种资源的运作效率，减少库存，降低整个供应链上的物流成本，实现合作互利、交货准时、敏捷生产、信息共享以及过程同步等。

第二节 大数据应用对物流供应链的促进

现在的制造业创新技术不断涌现，生产模式不断成熟，尤其是数据技术的应用，改变了传统产品设计与生产的流程，促进了制造业的快速革新。过去只注重机械设备和生产规模的传统生产方式的时代已经不复存在，取而代之的是全新的软件与数据时代。物联网使得生产企业可以通过传感器获取实时数据，跟踪产品部件，监测机器，并通过软件与数据分析，指导、更新企业运营流程。

一、推动数字化工厂的发展

（一）变革性技术

根据 IBM 的最新调查，如今，正在改变制造的三种最主要的新兴技术是 3D 打印、新一代智能机器人与开源硬件。这些技术各自已经在制造业中引发了重大变革，但如果将它们结合在一起，并运用大数据分析法，其变革的威力将会成倍增长。

首先，3D 打印技术正在彻底改变产品的设计和生产方式。通过这项技术，企业可以在数小时内将复杂的设计转变为物理产品，无须传统的生产流程和工具。传统制造过程中需要大量时间和资源的原型制造和生产流程被极大地简化，使得产品从创意到市场的时间大大缩短。同时，3D 打印技术还支持定制化生产，消费者可以根据自己的需求定制产品，满足市场的多样化需求。

其次，新一代智能机器人则正在改变制造业的劳动力状况。这些机器人可以在人类难以承受的艰苦环境中工作，或者在需要高度精确和灵活性的任务中替代人力。自动化和人工智能的进步已经使机器人能够执行许多任务，大大提高生产效率，同时减少制造过程中的人为错误。这意味着更高效、更一致和更可靠的生产，同时大大提高了工作的安全性和舒适性。

最后，开源硬件则是一种允许制造商共享设计，并在全球范围内协作改进和创新的新型模式。与传统的知识产权保护模式不同，开源硬件主张共享和协作。这种模式利用了全球的智力资源，使得制造商能够更快地开发出更好、更便宜的产品。开源硬件的推广也加速了创新的速度，任何人都可以基于已有的设计进行创新和改进，从而推动了制造业的快速发展。

当这三种技术结合在一起时，制造业的变革将达到前所未有的程度。在大数据分析法的驱动下，制造商可以更好地理解消费者的需求和行为，从而更精确地定制产品。通过收集和分析智能机器人在生产过程中产生的数据，制造商可以优化生产流程，提高效率，减少浪费。同时，开源硬件平台使得企业可以更快地开发新产品，并在全球范围内协作改进和创新。这种模式将全球的智力资源汇聚在一起，使得制造业的创新能力得到前所未有的提升。

总的来说，这三种新兴技术的结合以及大数据分析法的运用将彻底改变制造业的面貌，带来前所未有的变革和发展。这将使得制造业更加高效、灵活、创新和可持续，同时也为全球的制造商和消费者带来更多的机遇和可能性。

（二）传感器驱动的运营

传感器是一种检测设备，可以感知并测量环境中的物理量，如温度、湿度、压力、光照等。在制造业中，传感器被广泛应用于各种设备和系统中，用于收集各种数据，包括设备的运行状态、产品的生产过程和质量等。

传感器驱动的运营主要是指通过传感器收集的大量数据，进行实时监测、分析和处理，以实现对生产过程的精细控制和优化。这种运营方式具有以下特点。

（1）利用数据驱动。传感器可以实时产生大量的数据，包括设备的运行数据、产品的生产数据和质量数据等。这些数据是传感器驱动运营的核心，通过对这些数据的分析，可以深入了解生产过程的细节，从而进行更好的决策。

（2）实现实时监测。传感器可以实时监测设备的运行状态、产品的生产过程和质量等，及时发现和解决问题。同时，通过对数据的实时分析，可以预测未来的趋势和需求，提前采取措施进行应对。

（3）推动持续改进。通过对传感器数据的分析，可以发现生产过程中的瓶颈和问题，从而针对性地进行改进和优化。同时，通过对数据的长期跟踪和分析，可以了解员工的工作状态和效率，进行更好的人员管理。

随着工业自动化技术的不断发展和应用，对传感器需求也越来越大，智能化的传感器可以有效采集各个生产环节数据，并及时反馈给控制中心，以便对异常环节进行干预处理，以保证工业生产的正常进行。因此，智能传感器驱动着工业自动化快速发展，成为数字工厂发展的重要趋势。传感器驱动的运营和数字工厂都依赖于数字化转型、智能化设备和数据驱动的决策。通过加强这些方面的应用和发展，可以促进传感器驱动的运营和数字工厂的进一步发展，推动制造业向智能化、高效化和可持续化的方向迈进。

二、提升物流供应链运作效率

（一）整合客户服务

大数据在有效整合客户服务中扮演着至关重要的角色。随着企业数据的爆炸式增长，大数据分析技术使企业能够从这些数据中提取有价值的信息，更好地理解客户需求，优化客户服务，并提升客户满意度和忠诚度。

大数据可以帮助企业根据客户的特征将其细分成不同的群体，这些特征包括但不限于人口统计信息、购买历史、浏览行为、社交媒体互动等。通过客户细分，企业可以更准确地理解不同客户群体的需求，从而提供更个性化、精准的服务。例如，企业可以根据客户的购买历史和偏好，为其推荐相关产品或服务，或者根据客户的行为特征，为其提供定制化的服务。

基于大数据对客户行为的深入理解，企业可以制定更具针对性的营销策略。例如，通过分析客户的浏览和购买历史，企业可以预测客户的兴趣和需求，并制定个性化的产品推荐、促销活动或营销传播策略。此外，企业还可以利用社交媒体数据来分析客户的社交网络和兴趣爱好，从而制定更具针对性的社交媒体营销策略。

大数据技术可以帮助企业收集和分析各种来源的客户反馈数据，例如社交媒体评论、客户调查、在线评价等。通过这些数据的分析，企业可以了解客户的满意度、投诉率以及服务中的痛点等问题。通过跟踪和分析客户情绪和反馈，企业可以及时发现问题并采取改进措施，从而提高客户满意度和忠诚度。

大数据技术可以利用过去的数据来预测未来的客户行为，通过分析客户的浏览和购买历史数据，企业可以预测客户的需求和兴趣，从而提前做好产品或服务的准备。此外，企业还可以利用预测性分析来预测客户的流失率、响应率或其他业务指标，从而采取相应的措施来改善业务绩效。

通过大数据分析，企业可以了解客户对服务的满意度、投诉率等指标。这些数据可以为企业提供有关服务质量和水平的反馈，帮助企业识别服务中的优势和不足。根据这些数据，企业可以采取改进措施来优化客户服务，例如提供更快速的服务响应、改进服务流程或提高服务人员的专业水平等。

综上所述，大数据在有效整合客户服务中具有重要的作用。通过深度挖掘和分析大数据，企业可以更好地了解客户需求、行为和偏好，优化客户服务并提高客户满意度和忠诚度。这将有助于企业在激烈的市场竞争中获得竞争优势并实现持续发展。同时，随着技术的不断发展，大数据在客户服务领域的应用将不断创新和深化，为企业提供更多的机会和价值。

（二）提升交通运输效率

1. 智能化路线优化

大数据在提升交通效率方面的应用广泛且深远，其中一项关键应用是智能化路线优化。通过集成大数据、人工智能和全球定位系统等先进技术，智能化路线优化为交通行业带来了革命性的改变。智能化路线优化利用大数据技术的分析和预测能力，对实时交通数据进行深度挖掘和处理。这些数据包括交通流量、车速、道路状况、天气情况和其他相关因素，可以帮助企业或城市规划者更好地了解交通状况，并制订出更高效的运输和出行方案。

智能化路线优化可以显著提高交通效率，降低运输成本，并提高道路和车辆的使用效率。此外，智能化路线优化还有助于提高交通安全性和舒适性。例如，系统可以根据路况和车流量实时调整信号灯的时间，减少交通拥堵和提高车辆行驶安全性；同时，通过集成智能语音导航等功能，智能化路线优化可以为驾驶员提供更加精准和便捷的导航服务，提高驾驶体验和舒适度。

2. 自动化远程信息处理系统

自动化远程信息处理系统基于全球定位系统（GPS）的远程信息处理仪器，这些仪器安装在交通运输车辆上，为驾驶员提供了驾驶行为、不同条件下的行驶速度、交通以及耗油情况等信息。最常见的例子是 UPS 和施奈德物流等国际物流巨头，他们利用远程数据重构自身的交通运输物流网络。UPS公司还利用远程数据进行整个配货系统的重构与优化。

该类自动化远程信息处理系统还有传感和控制功能，可以向司机提示何时需要对当前的交通运输车辆进行保养或维修。所有收集回来的数据流向总部，那里通过数据挖掘算法对交通运输车辆引擎故障和日常维护进行预测，同时提供实时交通状况。除了基于交通运输大数据对交通运输设备进行预测性维修之外，UPS 还利用车辆的全球定位信息仔细检查其行驶状况以及优化路线，加强交通运输安全保障的同时提高运输效率。

（三）优化仓储管理

大数据在优化仓储管理中的应用已经逐渐显现。通过大数据技术的分析和应用，企业可以实现对仓库和库存的精细化管理，提高仓库的空间利用率、货物库存周转率、货物的精准调度以及安全库存水平等关键运营指标，从而降低运营成本并提高运营效率。

通过大数据分析，企业可以根据历史销售数据、运输成本和客户分布等因素，优化仓库的选址和布局，以提高仓库的运营效率和客户满意度。例如，企业可以通过大数据分析预测未来销售趋势，从而确定最佳的仓库位置和布局。

大数据可以帮助企业建立更加精确的库存计划和调度模型。通过对历史销售数据和未来销售预测的分析，企业可以制订更加精准的库存计划，避免库存积压和缺货现象。同时，通过库存调度优化，企业可以提高货物的精准调度，提高库存的流动性。

大数据技术可以帮助企业实现实时库存监控和预警。通过对实时库存数据的分析，企业可以及时发现库存异常情况并采取相应的措施。例如，当某个商品的库存量低于安全库存水平时，系统会自动发出补货预警，以确保货物的及时供应。

通过大数据分析，企业可以优化仓库的操作流程，提高仓库的作业效率和准确性。例如，通过对仓库作业人员的操作数据进行大数据分析，可以发现操作中的不足之处并加以改进；通过对仓库进出货时间的分析，可以优化仓库的作业计划和调度。

通过大数据技术对仓库设备和货物的运行数据的分析，企业可以实现预测性维护和安全管理。例如，当某个设备出现异常时，系统可以提前发出预警并安排维修计划；通过对货物安全性能的数据分析，可以确保货物在存储和运输过程中的安全性。

大数据在优化仓储管理中的应用可以帮助企业实现仓库的高效运营和精细化管理。通过仓库选址和布局优化、库存计划和调度优化、实时库存监控和预警、优化仓库操作流程以及预测性维护和安全管理等措施，企业可以提高仓储管理的效率和准确性，降低运营成本并提高运营效益。同时，随着技术的不断发展，大数据在仓储管理领域的应用将不断创新和深化，为企业提供更多的机会和价值。

三、提升产品销售业绩

（一）优化产品定价

大数据在优化产品定价方面具有广泛的应用，通过分析大数据，企业可以更准确地了解市场需求、竞争状况和产品成本等信息，从而制定出更加科学、合理的产品定价策略。

通过分析大数据，企业可以了解消费者的购买行为、价格敏感度、需求弹性等信息，从而制定更加符合市场需求的定价策略。例如，如果企业发现某种产品的需求弹性较高，可以通过降低价格来扩大市场份额和提高销量。相反，如果需求弹性比较低，企业则可以通过适当提高价格来增加利润。

通过收集和分析大数据，企业可以掌握竞争对手的产品定价、销售策略和市场反应等信息，从而制定更加具有竞争力的定价策略。例如，如果企业发现竞争对手的产品定价较低，为了保持市场竞争优势，可以选择适当降低自己的产品价格。

在大数据的支持下，企业可以更加准确地预测产品成本，包括直接成本和间接成本。通过对产品成本的分析，企业可以制定更加合理的定价策略，实现利润的最大化。例如，如果企业发现生产某种产品的成本较高，可以考虑通过提高产品价格来弥补成本支出。

通过大数据分析，企业可以了解客户的购买偏好、需求以及支付意愿等信息，根据客户价值的不同来制定不同的定价策略。例如，对于高价值客户，企业可以提供更加个性化的产品和服务，并制定相对较高的价格。

通过分析大数据中的时间序列数据，企业可以掌握产品价格的变动趋势和周期性变化规律，从而制定更加科学的时间序列定价策略。例如，如果企业发现某种产品的价格在某个时间段内呈下降趋势，可以考虑在这个时间段内降低产品价格以促进销售。

总之，大数据在优化产品定价方面具有广泛的应用前景，通过大数据分析，企业可以更加准确地了解市场需求、竞争状况和产品成本等信息，从而制定出更加科学、合理的产品定价策略，提高企业的市场竞争力并实现利润的最大化。

（二）优化市场推销模式

在大数据的帮助下，企业可以精细地刻画每个客户的购物习惯、偏好和需求，从而为他们提供个性化的推销方案。例如，对于喜欢购买高质、高端产品的客户，企业可以在推销时强调产品的品质和独特性；对于价格敏感型客户，企业可以着重强调产品的性价比和优惠活动。通过这种个性化的推销方式，企业可以更好地满足不同类型客户的需求，提高客户满意度和忠诚度。

大数据可以为企业提供更准确的目标客户群体画像，帮助企业确定最合适的营销渠道和策略。例如，如果企业的目标客户是年轻白领女性，那么企业可以通过在社交媒体、时尚杂志等女性用户占主导的平台上进行广告投放，实现精准营销。同时，企业还可以根据客户的地理位置、网络行为等数据，实现地域定向、兴趣定向等更加精细的精准营销。

大数据可以帮助企业实时监控市场变化和客户需求变化，从而及时调整推销策略。例如，如果企业发现某种产品的需求在短时间内急剧增加，可以及时增加该产品的库存、调整价格策略以获取更高利润。同时，企业还可以根据实时的销售数据和库存数据，进行进货预警和库存预警，避免出现缺货或积压现象。

通过大数据分析，企业可以精确地衡量营销投入和产出的关系，为未来的营销活动提供优化依据。例如，企业可以通过分析广告投放、销售量、客户满意度等数据，评估不同营销策略的 ROI（投资回报率），以便选择最有效的营销策略。通过这种 ROI 分析，企业可以更加科学地制定市场推销策略，优化资源配置，提高营销效率和效果。

通过大数据分析和预测模型，企业可以根据市场需求和客户行为预测未来的销售趋势，从而提前做好库存管理和供应链准备。例如，企业可以通过分析历史销售数据、季节性因素、市场趋势等数据，建立预测模型，预测未来一段时间内的销售量和需求趋势。根据预测结果，企业可以提前与供应商协商进货计划、调整库存管理和物流配送等，以避免出现缺货或积压现象。同时，预测性推销还可以帮助企业更好地规划其生产和供应链管理，提高整体运营效率和市场响应速度。

除了以上几个方面，大数据在优化市场推销模式方面还可以发挥很多其他作用。例如，企业可以通过大数据分析客户的购买行为和偏好，制定更加精细的产品开发计划和市场策略；通过大数据分析客户的社交媒体行为和市场反馈，了解客户的需求和痛点，为企业提供更加准确的产品改进方向；通过大数据分析市场的竞争状况和趋势，为企业提供更加及时的市场情报和应对策略等。

大数据在优化市场推销模式方面具有巨大的潜力和应用前景。通过深度分析和应用大数据，企业可以更好地了解客户需求、市场趋势和营销策略效果，从而实现个性化、精准、实时和预测性的推销，提高销售业绩并增强市场竞争力。同时，大数据还可以为企业提供更加精细的产品开发计划和市场策略、更加准确的产品改进方向以及更加及时的市场情报和应对策略等支持，为企业的全面发展提供有力保障。

（三）推动地点营销模式的发展

地点营销是一种独特的市场营销策略，它利用大数据分析和移动设备来获取消费者在特定地理位置的信息，从而为消费者提供更加个性化的服务和反馈。通过这种技术，企业可以实时监测消费者的位置和行为，并根据这些信息来制定更加精准的营销策略。例如，当消费者靠近一家商店时，商家可以利用大数据分析技术来识别这个消费者，并向其发送个性化的产品推荐或优惠券。这种基于地理位置的营销策略可以帮助企业更好地了解消费者的购物习惯和偏好，从而为其提供更加贴心的服务。事实上，一半的消费者正在使用或计划使用智能手机来进行移动购物。这意味着消费者越来越依赖移动设备来进行购物活动，这也为商家提供了更多的机会利用大数据分析技术来改善其市场营销策略。

1．全球定位

大数据在地点营销中的应用已经越来越广泛，而全球定位系统（GPS）则是其中之一的关键技术。通过大数据和全球定位系统的结合，企业可以更加准确地获取消费者在特定地理位置的行为数据，从而更好地制定营销策略。通过大数据和全球定位系统在地点营销中的应用，企业可以更加准确地了解消费者的行为模式和需求，从而制定更加智能化的营销策略。这不仅可以提高企业的运营效率和服务质量，还可以帮助企业在激烈的市场竞争中获得更大的优势。

2. 地理导向广告

大数据营销中的地理导向广告是一种利用大数据分析技术，以地理位置为主要目标，精准定向广告投放的方式。这种广告形式主要是通过分析用户的行为、兴趣、购买习惯以及地理位置等数据，将广告投放到最有可能产生效果的区域，从而提高广告的点击率和转化率。

（1）地域定向广告。这种广告形式主要是通过分析用户所在的地域，将广告投放到特定的地理位置。例如，对于快消品、金融、汽车、3C 等多数行业广告主来说，“近期在这里的人”可触及最近 1~2 天在某区域的人群，是他们的首选投放目标。而对于生活服务类广告主，如教育机构、婚纱摄影、房产、商场超市等，则可以选择“居住在这里的人”，精准地投放广告。

（2）地理围栏广告。这种广告形式主要是通过在特定的地理区域内设置虚拟的“围栏”，当用户进入该区域时，其移动设备会接收与该区域相关的广告信息。例如，商家可以在博物馆、旅游景点、购物中心等地方设置地理围栏，当游客靠近时，可以向他们推送相关的产品信息和促销活动。

（3）地理社交媒体广告。地理导向广告还可以与社交媒体结合，形成一种新的广告形式——地理社交媒体广告。这种广告形式主要是通过分析用户在社交媒体上发布的状态和位置信息，将广告投放到与用户所在位置相关的社交媒体平台上。例如，当用户在社交媒体上发布一条“正在逛街”的状态时，相关的广告可以推送给该用户。

大数据营销中的地理导向广告是一种非常有效的广告形式，能够帮助广告主精准地锁定目标人群，提高广告效果和转化率。同时，这种广告形式还具有很强的灵活性和可定制性，可以根据不同的需求和场景进行个性化的设置和调整。

3. 追踪消费者

大数据营销可以追踪消费者的信息，包括购买记录、搜索历史、浏览历史等，这些信息可以用于分析消费者的购买偏好、行为习惯、兴趣爱好等，以帮助企业更好地了解消费者，制定更精准的营销策略。

通过分析消费者的购买记录，企业可以了解消费者的购买偏好和购买习惯，推断出消费者的购买需求和潜在需求，从而制定更符合消费者需求的商品和促销策略。

通过追踪消费者的搜索历史和浏览历史，企业可以了解消费者的兴趣爱好和需求，推断出消费者可能会购买哪些商品和服务，从而制定更精准的广告和营销策略，提高转化率和客户满意度。

大数据营销还可以通过追踪消费者的地理位置信息，了解消费者的活动范围和购物习惯，从而制定更精准的营销策略和广告投放计划。例如，企业可以通过分析消费者的地理位置信息，了解消费者经常光顾哪些商场、超市、餐厅等场所，在这些场所进行精准的广告投放，提高广告效果和转化率。

总之，大数据营销可以通过追踪消费者的各种信息，深入了解消费者的需求和行为，以帮助企业更好地制定更精准的营销策略和广告投放计划，提高客户满意度和转化率。

第三节 大数据分析在物流供应链中的运用

大数据分析在物流供应链中发挥着重要作用，从运输优化、库存管理到计划和执行以及协同管理等多个方面都有着广泛的应用。随着大数据技术的不断发展，相信大数据分析将在物流供应链中发挥更大的作用，为企业的运营效率和客户满意度的提升做出更大的贡献。

一、大数据分析在物流供应链中的运用领域

（一）市场预测

大数据供应链市场预测是一个通过收集和分析大量数据来预测未来供应链市场发展趋势的过程。它包括对供应链中各个环节的数据进行实时监测、分析和预测，比如市场需求、生产计划、库存管理、物流运输等方面的数据。这些数据可能来自不同的渠道，包括销售网点、生产设备、物流运输等多个方面。

大数据供应链市场预测是一个具有重要应用价值的领域，但同时也需要注意数据质量、安全性、处理速度、可连接性和协同性等问题。在应用大数据供应链市场预测时，需要结合企业的实际情况和需求进行综合分析和考虑，以实现更好的业务效益和发展。

（二）物流中心的选址

大数据的应用对供应链物流中心的选择具有重要意义。在传统的物流中心选址过程中，通常会考虑人力、物力、时间等资源成本，而大数据的介入则为这些决策提供了更全面且科学的依据。大数据的应用对供应链物流中心的选择起到了重要的辅助作用，它使决策过程更加科学、准确，有助于提高供应链的整体效率。然而，大数据的应用也存在数据安全、隐私保护等问题，这也是在实际操作中需要重视和解决的。

（三）配送线路优化

在实际操作中，物流公司需要综合考虑多个因素：送货地址、货物类型、交通状况、司机的可用时间窗口等。如何在短时间内确定最佳路线，保证准时送达并降低成本，是物流行业一直面临的挑战。

大数据分析可以帮助物流公司实时采集和分析路况信息，了解道路拥堵情况和交通状况，以便调整配送路线，选择最佳路径。一些物流公司还通过大数据分析规定卡车不能左转，原因是左转会导致货车长时间等待。通过执行这些规定，物流公司可以在行驶路程减少的前提下，多送出包裹。大数据还可以通过预测快递员将做什么并及时控制纠正问题，来改善配送效率。大数据的应用在优化配送线路方面起到了重要的作用，它可以帮助物流公司在提高效率的同时降低成本。

（四）仓库储位优化

在大数据时代，通过云计算平台可以获取不同区域和不同使用需求的信息，对需求信息进行预测。利用这些数据，仓储管理部门能更准确地获取物资使用数据和库存数据，从而对仓库布局进行合理布置，减少调拨次数，降低库存成本。同时，通过对历史数据的分析，可以合理分配仓库的存储空间，优化库存布局。

在大数据时代，利用云计算平台可以更有效地跟踪和管理库存数据。例如，通过对货物的实时信息进行动态搜集和分析，可以随时掌控库存情况，提高库存数据的准确性。此外，通过历史数据的分析，可以预测未来的销售趋势，提前做好库存规划，避免积压或缺货现象的发生。

通过大数据分析，可以实时监控仓库的运营状况，包括库存量、货物流转情况、员工工作状态等。根据这些数据，可以合理调配资源，优化工作计划，提高仓库的运营效率。同时，通过数据分析和预测，可以提前发现并解决潜在的问题，减少意外情况的发生。

然而，大数据在仓库储位优化中的应用也存在一些挑战。例如，数据的收集、存储和分析需要大量的计算资源和时间，对技术和硬件设备的要求较高。此外，数据的隐私和安全问题也需要得到保障，防止数据泄露和被滥用。

二、大数据分析在物流供应链运用中存在的问题

（一）技术障碍

1．数据整合和标准化

在大数据时代，数据的整合和标准化是实现数据驱动决策的基础，缺乏这两者会导致数据的可用性和可靠性大大降低。在物流供应链中，数据来源于各个环节，如采购、生产、仓储、运输、销售等，每个环节的数据格式都有所不同，而且不同的系统和平台之间也可能存在数据格式的差异。这给数据的整合和标准化带来了很大的挑战，需要投入大量的人力和物力来进行数据处理和清洗，以保证数据的准确性和一致性。

2．数据安全和隐私问题

大数据的运用涉及大量的敏感数据，如供应商信息、客户信息、交易数据等，这些数据的安全和隐私保护问题尤为突出。一旦数据泄露或被滥用，不仅会对企业的业务产生不良影响，还可能涉及法律风险。因此，如何在保障数据安全和隐私的前提下，合理地利用数据进行决策，是大数据在物流供应链运用中面临的一个重要挑战。

3．数据分析和挖掘技术

大数据的应用需要依靠先进的数据分析和挖掘技术，这些技术包括数据挖掘、机器学习、预测模型等。然而，目前很多物流企业还缺乏足够的技术能力和经验，无法充分挖掘大数据中的价值。因此，如何提升企业的数据分析能力，将大数据转化为具有可操作性的决策依据，是大数据在物流供应链运用中面临的另一个重要挑战。

4．数据实时性和动态性

在物流供应链中，数据的实时性和动态性要求较高。由于供应链的运行是动态变化的，如市场需求、运输状况、库存状况等都可能随时发生变

化，因此需要实现数据的实时监测、分析和反馈，以便及时调整和优化供应链运营。这就要求在数据处理和分析过程中，不仅要注重数据的全面性和准确性，还需要关注数据的实时性要求。

综上所述，大数据在物流供应链运用中存在的技术障碍包括数据整合和标准化、数据安全和隐私问题、数据分析和挖掘技术以及数据实时性和动态性等方面。克服这些障碍需要不断推进技术创新，提高技术应用能力，同时注重保护数据安全和隐私；还需要加强企业间的合作与信息共享，以促进供应链的协同发展；同时还需要注重提升数据分析能力，以更好地利用数据进行决策。

（二）人才与领导力不足

首先，大数据领域的专业人才匮乏。大数据的应用和发展需要具备专业技能和知识的复合型人才，包括数据分析、数据科学、数据工程、数据可视化等方面的专业人才。由于大数据领域涉及多个学科领域，如计算机科学、统计学、物理学、经济学等，因此需要具备跨学科的知识和技能。然而，当前我国大数据领域的高端人才和复合型人才相对较少，无法满足大数据应用的需求。

其次，领导力的不足也是大数据应用面临的问题之一。大数据的应用需要有一个具有前瞻性、创新性的领导团队来推动和引领，需要具备领导力的人才来制定战略、管理和执行。然而，当前很多企业缺乏具有战略眼光和领导力的领导者，无法有效地推动大数据应用的进程。

最后，领导力和高端综合型人才的不足还表现在企业数字化转型的进程中。数字化转型是大数据应用的重要方面之一，需要有一个具有领导力和高端综合型人才的团队来推动和引领。然而，当前很多企业缺乏这样的团队和领导者，无法有效地实现数字化转型。

大数据应用面临的问题之一是高质量人才和领导力的不足。为了解决这个问题，需要加强高端综合型人才的培养和引进，建立具有领导力和战略眼光的领导团队，以推动和引领大数据应用的进程和数字化转型。

（三）业务流程陈旧

大数据在供应链管理中应用时，企业流程的陈旧可能会成为一项重要挑战。

首先，陈旧的企业流程可能导致数据的整合和分析更加困难。在大数据技术的应用中，数据的获取、整合和分析是关键环节，然而，如果企业的流程无法适应新的需求，就可能导致数据的获取、整合和分析变得更加困难，从而影响大数据的应用效果。

其次，陈旧的企业流程可能导致数据的不准确和不可靠。在传统的供应链管理中，企业通常会根据经验和其他手段来对数据进行处理和分析。然而，如果数据采集、处理和分析的流程不规范、不科学，就可能导致数据的不准确和不可靠，从而影响大数据的决策支持效果。

最后，陈旧的企业流程可能导致数据安全和隐私保护的问题。在大数据技术的应用中，数据的整合和分析需要更多的数据源和更复杂的技术手段，这可能会进一步加剧数据安全和隐私保护的问题。如果企业的流程缺乏科学的数据管理和保护措施，就可能导致数据的泄露和滥用，从而给企业带来风险和法律责任。

大数据在供应链管理中应用时，企业流程的陈旧可能会成为一项重要挑战。为了解决这个问题，企业需要对现有的供应链流程进行重新审视和优化，提高流程的灵活性和适应性，加强与大数据技术的集成，同时注重数据安全和隐私保护的问题。

三、大数据分析在物流供应链发展中的运用前景分析

物流作为一个新兴产业，它的发展将成为21世纪中国经济发展的一个重要的产业部门和新的经济增长点。而我国物流供应链的发展将从整体上改善国民经济的运行效率，有效提高全社会的经济效益，将促进国民经济各产业部门的健康发展，所以，中国物流供应链行业的发展对提高我国的国际竞争力有极其重要的影响。

虽然目前我国物流供应链的发展仍存在许多问题和弊端，但随着科学技术水平的不断提高、经济全球化的持续发展以及专业化分工的进一步深化，物流企业将不仅可以提供货物运输、配送、流通加工等有形服务，而且可以提供物流信息管理、物流方案设计等无形服务，进一步降低物流成本、扩大服务对象，这是商业、运输、仓储企业等传统流通行业所难以企及的。因此，未来物流供应链将得到长足、快速的发展。

如今是一个快速发展的时代，物流供应链的发展离不开云计算、大数据及物联网的综合运用，这已成为大势所趋。未来物流供应链的发展不仅如此，它将实现物流信息化、管理自动化（获取数据、自动分类等），将各智能终端以互联网连接，同时增加各物流终端的自动化程度，形成智能

化、自主化的流程，减少人工干预等效果，形成网络集成管理、全方位的智能化功能等体系，实现物品（商品）的自动识别和信息的互联与共享，真正实现智能物流、智慧物流。

要想真正实现智慧物流，推动物流供应链的变革与发展，各个物流企业必须抓住大数据时代和物联网技术带来的机遇，正确认识物流行业和企业自身的发展方向，转变思维、改变模式，引进各项高新技术，注重数据本身的价值，让获得的数据得到充分的利用，从而提升各项作业控制的价值和效率。还必须培养懂技术、善于思考、善于学习和创新的新型现代物流人才，提升企业自身的竞争力和综合实力，使企业能在严酷的竞争中占据市场、获得利益。

第六章　大数据与企业营销

第一节　企业营销策划

一、市场营销

（一）市场的含义

狭义上的市场是指人们集中进行商品交换的场所，这是一个地理概念，它从空间形态上对市场进行的描述，这也和我们传统意义上的市场相吻合。

经济学上，市场是指商品和劳务的交换场所、领域及其关系的总和。从这个意义上来讲市场已经打破了时间和空间的限制，成为实现商品交换的一种经济关联，即商品流通领域一切商品货币交换的纽带，这可以称为市场的广义概念。

从管理学上看，市场是指商品或劳务的提供者和需求者在双方共同认可的条件下，进行的商品或劳务的交换活动。

市场营销学中的市场是特定范围内的市场，包括具有普通需求和欲望，并且愿意和能够以交换来满足这些需要与欲望的所有现实和潜在顾客，在这个市场中顾客想要或需要某种商品，并且愿意也有能力用某物去交换所需商品以获得满足。

从营销学上看，营销市场有其特定的要素，市场的大小完全依赖消费者的数量、货币支付能力以及消费者的购买欲望，这三者缺一不可，用公式表示如下：

市场=消费人口+购买能力+消费欲望

营销市场的三个要素相互依存、缺一不可，三者共同决定着市场规模。

（二）市场营销

市场营销学产生于 20 世纪初，形成于 20 世纪中叶，成熟于 20 世纪 80 年代，目前仍在实践探索中不断发展。市场营销理论作为一门学科产生，是在 19 世纪末 20 世纪初的美国。1905 年，克罗西在宾夕法尼亚大学开设

“产品市场营销”课程；1910 年，拉尔夫 · 巴特勒（Ralph. S. Butler）在威斯康星大学开设了“市场营销方法”；1912 年，赫杰特齐编著了第一本《市场营销学》（*Marketing*）教材。至此，市场营销作为一门独立的学科正式建立。

市场营销学在我国的传播比较早，1933 复旦大学出版由丁馨伯教授编译的《市场学》教材。但是，由于中国当时社会动荡、战争不断，市场营销学在当时的中国并没有获得发展。中华人民共和国成立之后，由于当时片面强调计划经济，抑制了市场的作用，我国大部分高等院校的经济管理学院、系都停开了市场营销学课程。改革开放以后，市场营销学得到了迅速的发展，在研究领域也取得了一定的成果。今天，市场营销学经过时间的积累和沉淀，已经在我国形成了一个完整的体系。

营销管理专家菲利普 · 科特勒认为：“市场营销是个人和集体通过创造并同别人交换产品和价值以获得其所需所欲之物的一种社会过程。”现代企业所有的营销互动，都是在明确的指导思想和目的性的经营观念指导下开展，其最终目标是促使拥有购买欲望和购买力的需求者完成交换。

我们应该从以下两个方面来理解营销的定义。

（1）市场营销是一个互相交换的互动过程，即交易双方具有价值的物品发生了交换。当消费者买了一件牛仔裤时，消费者就进行了这种最基本的市场交换：用一种具有价值的东西去换取另一种具有价值的东西。牛仔裤对于消费者来说是具有使用价值的，所以消费者才会去买它。正是因为产品具有能在某一方面满足顾客需求和欲望的特性，它才能够成为具有交换价值的商品。

根据产品使用价值可以满足顾客不同需求的情况，营销市场把产品分为三类：满足顾客物质需求的产品，这些东西是有形产品，顾客可以通过感官来评估；满足顾客服务需求的产品，这些产品可以服务或提供给消费者某些服务功能；满足顾客精神需求的产品，这类产品能够给消费者提供知识或能让消费者在思想上获益。

（2）市场营销是满足需求和欲望的各种行为的整合。市场营销促成的交换在生活中广泛存在，因为每一个人都在竭尽所能去满足自己的需求和欲望，而企业或用产品或用劳务去满足这些需求和欲望。多数情况下，人们更看重的是产品能够满足自身非生存必需的价值，而不是产品能够满足人类的基本需求的价值。因此，经营者会通过定价、新产品的开发或者改善产品功能来吸引顾客的主因，甚至影响其购买行为。例如销售冬衣，营销人员会把他们的产品定位为轻薄保暖、做工精良、定价合理且能直接送到顾客家中的商品。运用这种方法能满足顾客除了最基本的需要之外对这些产品的特殊需要。

二、企业营销策划

（一）策划的含义

大家对于策划都不陌生，现在策划已被广泛运用在各个领域，频频出现在我们的日常生活和工作之中。有人会认为，策划就是“出主意”“想办法”，却忽略了策划本身具有的特性。

我们认为，策划是围绕实现某一个目标或解决某一个难题，充分利用有限的信息和资源，通过概念的理解和理念的创新，在遵循客观规律的基础上制定出全面、新颖并具有可操作性的一种思维创新过程。

从定义中我们不难看出策划具有一些特定的要素和性质。

1．目的性

策划意义就在于实现目标。策划是一项目的性的活动，具有较强的方向性。

2．创新性

策划的目的是更加顺利地达成目标，这就要求策划应该新鲜、奇特，富于吸引力和感染力。

3．可操作性

策划是一种创造性的思维活动，但绝不是脱离实际的空中楼阁，可行性要求策划必须立足实际，这也是策划存在的基础。

4．系统性

策划是一种编导的过程，在这个过程中策划者需要将各种方法和手段整合成一个有机的整体，既要着眼当下利益，又要兼顾长远发展，因此策划一个必须进行全面而周密的安排，是一项系统工程。

策划由五个要素构成，策划者、策划目标、策划资源、策划力、策划方案。这五个要素中，策划者是策划主体，策划目标为策划提供方向，策划资源是策划的客观依据，策划力是策划者在策划过程中的综合能力，策划方案是策划的成果。策划的五个要素密切联系，相辅相成。

（二）企业营销策划的含义

营销策划的定义并没有一个统一的说法。我们认为，营销策划是企业为实现营销目标或解决经营活动中的难题，利用客观、全面信息资料以及经营资源，围绕营销目标或者经营难题系统设计，构思创意，规划出能够按目标解决难题的最优方案的一系列活动过程。

营销策划是一门实际应用性质学科，营销策划工作要求充分发挥人脑的逻辑思维和系统思维，因此，营销策划拥有几个特点，主要表现在以下几个方面。

1．营销策划是一种具有思维创新性的活动

创新思维是一种打破常规思维模式的辩证思维过程，需投入大量智力资本和物质资本。创新性是营销策划的核心，贯穿于营销策划的整个活动过程。为实现既定目标，企业要从所处环境出发，这种环境是综合了内部环境和外部环境的综合大环境，运用系统的、辩证的、发散的、动态的思维来分析客观事物，挖掘其内部联系，作出判断，实现企业市场效益和效率双重提升。创新性思维模式主要包括：路线的筛选、企业经营理念的设计、资源的优化配置和市场营销操作实践四个方面的内容。

2．营销策划是一种系统性活动

营销策划是应用于企业营销的综合系统工程，第一，营销策划的系统性表现在时间上前后照应。在营销策划活动中，营销方案的每一个环节总是紧密联系，环环相扣的，各个环节有机联系，整体互动，构成营销活动链。如果营销环节活动链脱节，那么营销策划的夭折也是可以预见的。第二，营销策划的系统性表现在空间上立体组合。企业的营销活动包含了各个层面的构成要素，营销活动如果要正常运作，必须把各种营销要素进行跨领域的立体组合。在营销活动中这种跨领域的有机组合能形成一种综合推进力，来推动并促成产品的销售。

3．营销策划是具有灵活可变性的活动

营销策划活动在实施的过程中会遇到各种不可预测因素的干扰，所以营销策划活动不是一成不变的，要具有一定弹性以保证策划方案的可操作性。营销策划分超前设计部分和实际完善两个部分。营销策划作为一种超前策划，不可能预料到策划实施的过程中的所有因素，事物是千变万化的，任何方案都不可能做到尽善尽美，都需要在实施过程中，根据实际情况加

以调整和补充。营销策划的灵活可变性就表现在：营销策划开始之时，就必须考虑方案实施的时候环境形势的变化，让方案尽可能地灵活、全面，以最大限度适应未来变化的环境；在方案执行过程中，活动的实施者可以根据市场的反馈及时修正不合理部分，让方案贴近现实、适应市场，增强方案的实用性。

（三）企业营销策划的作用

1. 丰富营销理论，增强理论的指导作用

营销策划最终要完成企业未来营销的行动方案。方案一经确定，就形成企业营销活动的计划，从而使企业营销在一段时期进入程序化操作，并且有章可循、有据可依。当营销运作到达一定程度之时，反过来对策划方案进行修改和订正，使其不断得到补充和完善。这一过程历经磨合，几经反复，使得营销策划中的创意、设想、计策、谋略日趋成熟，在长期营销实践中固化成型，提炼为营销理论，对企业营销具有普遍的指导作用。

2. 强化营销目标，避免营销盲动

企业开展营销活动，必须确立营销总体目标，并将此分解为各项子目标，营销策划依照总体目标进行计划和安排，从企业营销的整体利益出发，使各项子目标协调一致，促成企业局部利益和全局利益的有机结合，使营销活动中的每个环节、每个步骤都具有共同的指向性，始终如一地围绕企业营销总体目标展开运作。因此，营销策划强化企业营销目标，能够有效地避免企业营销活动的分散性和盲目性。

3. 优化营销资源配置，降低营销费用

任何企业的营销资源都是有限的，营销策划的一个显著作用就是对营销资源进行合理调配，以尽可能少的资源投入，带来尽可能多的营销产出，以达成系统营销目标，避免盲目行为所造成的浪费，提升企业效益。据统计，进行系统营销策划的企业比没有进行策划的企业在营销费用上能节约2/5 ~ 1/2。另外，营销策划有时还可以产生倍增效益，即当某种市场现象带来差别机会之时，如果营销策划到位，就能够及时地调动营销资源、准确投入营销资源，为企业带来超常规的收益。

4. 树立品牌形象，扩大无形资产

营销策划的一项重要内容即精心设计、潜心塑造企业品牌形象。完整

的企业形象是由理念识别、视觉识别、行为识别三大系统组合而成的。营销策划能够围绕营销目标构建企业理念、企业文化、企业标志，统一营销手段的风格，使之形成鲜明的特征，从而树立企业品牌形象，提高企业在社会公众中的声望和信誉，由此使企业无形资产得以增值。

5．降低营销风险，缓解营销危机

企业在市场中的营销运作经常面临风险甚至陷入危机，主要表现在以下五个方面：市场环境变化所导致的营销危机、竞争对手营销策略的变化而引起竞争格局变化危机、企业自身营销运作失误而造成的信誉危机、因企业的协作方出现问题而导致的供应链危机及其他因素变动引起的营销危机。营销策划一方面能够有助于对营销潜在危机的预测，从而可以采取超前性应对措施，保证营销活动的正常进行；另一方面能够帮助企业制定危机应对预案，从而可以使企业在面临险境时临危不乱，依既定的营销方案展开营销活动，并采取应急措施，保证企业营销活动的连贯性。

6．提升企业的核心竞争能力

在市场经济条件下，价值规律及竞争规律在社会经济生活中起决定性的作用，从事市场营销的企业必须遵循优胜劣汰、适者生存的竞争法则。在社会商品总量过剩、市场供给充裕、买方市场格局成型的状况下，伴随着需求者消费理念、消费水平、消费结构的发展变化，企业之间的营销竞争愈演愈烈，已经显现出深度竞争迹象。不仅是产品价格、市场份额之间的争夺，而且是营销创意、营销谋略的较量。古往今来的兵战之中，凡将帅的策划周到、谋划准确，便可以以弱胜强，而不善策划的将帅未必能够以强制弱。中国已经逐渐融入世界经济格局之中，要想在强手如林的国际市场竞争中脱颖而出，必须借助于营销策划和营销谋略，它们是提升企业核心竞争能力的关键所在。

第二节 大数据营销及传统营销转型

传统营销方法让企业越来越难以满足顾客的需要，其作用正在随着消费者行为和心理越发多变而减弱，其成本也变得越来越高。对企业而言，营销或许并不难，难的是营销得精准，获得忠诚客户，从而取得预期利润。营销学领域过去半个多世纪的发展，让我们见证了从“以产品为中心”到

“以客户为中心”的转变。一方面，随着近年来互联网、移动互联网、新社交媒体的发展，信息过载、数据爆炸、个性化消费需求凸显，消费者日益成为商业行为的主宰者；另一方面，大数据分布式存储、大数据分析及挖掘技术的发展使得对大量数据收集、分析、整合成为可能。

一、大数据营销及其特点

（一）大数据营销的基本认识

大数据营销也被称为数据驱动营销，就是利用大数据技术从具有低价值密度的海量数据集合中，深度挖掘、准确分析，进而获得巨大的商业价值。具体来说，就是在市场营销领域中利用大数据技术对可用的、不断增长的、不断变化的、不同来源的（传统的和数字渠道）、多种形式（结构化和非结构化数据）的海量数据，进行收集、分析和执行，以鼓励客户参与、提高营销效果和衡量内部责任的过程。大数据营销凭借其“精准”和“可定制”的特点，有效地保证了企业营销的效率和效果。

在互联网与未来的移动互联网主导下的数字营销时代，企业可以用前所未有的速度收集用户的海量行为数据。企业在大数据的基础上分析、洞察和预测消费者的偏好，并据此为消费者提供最能满足他们需求的产品、信息和服务，以及传递准确的广告信息给他们。

大数据营销也是营销。市场营销管理从“4P”发展到“4C”，大数据营销的特点恰巧符合“4C”的要求。同时企业市场营销战略将向“4D”战略转变，即数字化沟通（Digital-Communication）、数字化调研（Digital-Research）、数字化促销（Digital-Promotion）、数字化贸易（Digital-Trade）四个方面。“4D”战略是以信息沟通的数字化为基础，以市场信息的有效获取为主要内容，以数字化促销作为传统营销手段的重要补充和发展，以贸易的网络化为最高阶段。运用“4D”战略进行营销是未来营销的主要营销方式。

（二）大数据营销的特点

大数据营销具有以下特点。

（1）多样化、多平台化数据采集。多样化、多平台化的数据采集能使对网民行为的刻画更加全面而准确。多平台采集可包含互联网、移动互联网、广电网、智能电视，未来还有户外智能屏等数据采集。

（2）强调时效性。在网络时代，网民的消费行为和购买方式极易在较短的时间内发生变化。因此，在网民需求点最高时及时进行营销非常重要。

（3）个性化营销。在网络时代，广告主的营销理念已从“媒体导向”向“受众导向”转变。现在广告主完全以受众为导向进行广告营销，因为大数据技术可让他们知晓目标受众身处何方，关注着什么位置的什么屏幕。大数据技术可以做到当不同用户关注同一媒体的相同界面时，广告内容不同。大数据营销实现了对网民的个性化营销。

（4）性价比高。和传统广告“一半的广告费被浪费掉”相比，大数据营销在最大程度上，让广告主的投放做到有的放矢，并可根据实时性的效果反馈，及时对投放策略进行调整。

（5）关联性。大数据营销的一个重要特点在于网民关注的广告与广告之间的关联性。由于大数据在采集过程中可快速得知目标受众关注的内容，以及可知晓网民身在何处，而这些有价值的信息可让广告的投放过程产生前所未有的关联性，即网民所看到的上一条广告可与下一条广告进行深度互动。

二、大数据营销的优势运营方式

未来企业市场营销费用的分配，多数都应是由大数据指引的。企业的消费群分布在哪里?企业的潜在用户在哪里?通过大数据找到他们分布的地方，然后用有创意的投放形式让他们成为企业的粉丝以及形成销售。数据是未来企业营销的基石。企业获取用户数据的方式，由多个因素决定。而企业在现实业务活动中对这一问题的不同的解决方式，也就形成了不同的大数据运营方式。

（一）基础运营方式

无论企业间有何不同，只要是一个希望在市场上有所作为的企业，都应该实施某种营销运营方式即基础营销运营方式。基础营销运营方式，是指企业建设自己的大数据平台，对企业自身已有数据进行集中管理，通过自身网站获取潜在目标客户，通过一系列的大数据营销策略开展大数据营销，与目标客户建立起通向信任与忠诚的互动关系，为企业创造出长期的商业价值。

（二）数据租赁运营方式

这种运营方式是利用专业的数据营销公司提供的潜在目标客户数据，

向潜在目标客户投递品牌信息或者产品广告信息，实现精准营销的广告投放效果。这种运营方式，也是企业重要的、需要长期执行的数据营销策略。通过数据租赁这种运营方式，企业可以获取精准的目标客户对企业品牌与产品的关注，为建立客户关系、销售线索挖掘、品牌推广等市场行为提供较好的投资回报率。

（三）数据购买运营方式

这种运营方式是通过一系列的、符合法律程序的形式获取潜在目标客户数据，企业通过自己的大数据营销部门开展大数据营销。这种运营方式一般要和基础运营方式配合使用。这种方式的效果，很大程度上要依赖两个因素：一是基础运营方式中是否搭建适合企业的大数据营销平台；二是企业是否已经建立了大数据营销运营机制以及是否已经具备了大数据营销所要求的人力资源条件。

根据企业所处行业不同、企业产品生命周期不同、企业经营战略与经营策略的不同阶段，可以为企业量身定制一个合适的综合运营方式。总之，三种大数据运营方式的配合使用，对企业开展大数据营销十分重要。

（四）大数据营销模式的优势

大数据技术自率先应用于零售行业以来，在市场营销领域日益发挥着重要的作用，不仅渗透到传统营销框架中，如目标市场的刻画与细分、产品的预测与规划、价格制定与调整、销售促进与管理、客户关系管理，也在营销新领域中应用颇多，如精准营销、跨界营销以及电商和新媒体营销平台分析和品牌数据化运营等诸多领域。未来，大数据技术还会渗透到更多的领域，它不仅革新了传统营销工具，也开辟了新的盈利模式。

1．大数据背景下，信息获取更加方便

大数据对消费者的上网习惯、搜索习惯都可以进行分析，有效获取顾客的消费能力、消费水平、消费喜好等，这样就能精准地捕捉到有消费需求或有潜在消费需求的顾客，在投放广告时就可以根据目标人群对广告内容、广告形式进行优化，并精准投放，将广告投放给有购买需求的人群。另外，还可根据消费者个性化的需求定制产品。产品广告可投放在消费者最常使用的 App 首页或微信朋友圈，让消费者在看到广告时更加有购买的欲望，从而进行主动购买。这种新的营销模式提升了广告的转化率，使消

费者的消费变为主动性消费。

2．大数据让营销和消费都数据化

在大数据背景下，一切行为都可以转化为数据。某个话题在网上的搜索量以及流量越高，说明这个话题的关注度和讨论度就越高。可根据对某个网页的访问次数、访问人数、访问时间来进行精准的热度分析。企业可以根据客户的搜索内容、评论内容等判断其是否为目标客户。比如，某个客户最近一直在搜索关于健身方面的问题，或经常观看健身方面的视频，就可以多增加健身的周边产品推送，如运动鞋、健身服、健身器材等。这样顾客购买的概率就会增大，可达到事半功倍的效果。

3．顾客的黏性更强

新营销模式下，企业与顾客的黏性要更高。在新营销模式中企业会直接面对顾客，而销售人员只是进行简单介绍、答疑解惑、售后服务等少量工作。顾客选择企业产品主要出于对产品的需求和对品牌的信赖，这样顾客与企业的黏性会更强，再次回购的概率也会更大。企业可以通过维护好现有的客户关系，再从中挖掘其他潜在客户，从而发展新的顾客，以低投入的方式获取更大的利润。

4．价格灵活，随时可调

在新营销模式中，特别是网络销售，价格都是实时的，企业可根据销售情况、同类型产品价格、节日活动价格等对价格作出快速的调整，并且顾客在第一时间就会收到最新价格。而在传统营销中，价格是有明显滞后性的。另外，企业还可以通过设置促销活动，提前发布节日价格等，吸引更多顾客进行购买。

三、传统营销模式的不足与转型需求

（一）传统营销模式存在的问题

传统的企业营销模式是具有局限性的，其特点主要表现为以下几点。

1．针对性不强，并且不具有时效性

在传统营销模式的观念中，是希望通过各种销售手段，将更可能多的产品卖给尽可能多的顾客。在进行营销时，首先是要找到目标客户。传统的营销模式通常是进行市场调研，以填写调查问卷、客户采访等形式寻找答案，然后根据获得的大量数据进行分析，确定目标客户。但是随着社会的快速发展，人们的需求变化得很快，差异化、个性化、多元化是重要的消费特征。在通过传统问卷调查确定目标客户时，为了确保答案真实、有效、不片面，往往需要以大量的调研数据为研究基础，而获取大量数据的这个过程是漫长而又复杂，极其耗费人力、物力、精力、时间。可能刚刚花费大量时间确定了消费者的购物需求，确定了目标人群，生产出大量产品，人们的需求就已经发生了变化，这就会造成商品的大量滞留和浪费。

另外，传统的营销方式主要是通过投放广告，提高品牌及商品的市场曝光度和知名度，从而吸引消费者购买。但在投放广告时，往往没有针对性地进行投放，虽然广告的传播范围广，但是由于缺乏针对性，不但对大部分消费者没有吸引力，还造成了广告资金的大量浪费。此外，传统广告的投放，一般都是通过电视、广播、报纸等，而观看这些广告的大部分为中老年人，而如今消费市场主要是年轻人的天下。

2．不确定性因素多，营销策略缺乏针对性

传统营销模式带来的不确定性因素很多。因为传统营销模式一般是先将产品生产出来，然后再进行销售，一旦在销售过程中出现问题，就会导致产品的滞销，滞销时间久了还会带来产品时效性的问题，造成企业资金的大量损失。在现在的企业生产中，采取针对性生产，先了解订单需求再进行生产，以解决库存的问题。除了依靠订单的方式进行生产，还需要对市场有精准的预判，对客户的需求和消费理念进行精准分析，制订有针对性的营销方案。但是很多企业依然受传统营销方式的束缚，缺少有针对性的营销策略，从而使营销效果达不到预期。

3．对人的依赖性过强

传统营销模式中销售人员推销是销售的主要方式之一，所以往往销售员销售水平的高低更能决定商品是否畅销。销售员销售水平高，值得信赖，消费者在购买产品时会将对销售员的信赖附加在产品上，从而选择购买此产品。因此，顾客对销售员的依赖可能会大于对产品的依赖。消费者不是因为信赖产品或品牌进行消费，所以当销售员离职跳槽后，企业很可能因此而失去很多顾客。

4．定价模式陈旧，缺乏市场竞争力

定价策略是市场营销策略中一个关键的组成部分。传统营销模式下的定价方法往往是根据商品的成本进行定价，价格一般比较固定，缺乏灵活性。传统的定价方式由于缺少竞品分析的环节，会造成盲目定价，导致价格高于其他同类型商品而错失很多顾客。

（二）传统营销模式大数据转型的需求

随着我国经济的快速发展，人们的生活水平得到了很大的提高，对物质的要求也越来越高，个性化、定制化成为顾客的新需求。我国现有的市场主要为买方市场，人们可以选择的购物方式、购物平台有很多，企业能否在众多竞争对手中脱颖而出，是企业生存并持续发展的关键。新颖、独特、有吸引力的营销模式是增加企业曝光率，提高企业销量的重要影响因素。所以，利用大数据进行分析，成功转变企业传统的营销模式，让企业新的营销模式匹配市场需求，匹配人们的消费需求，是有重要意义的，也是让企业处于不败之地的重要途径。

在大数据背景下，通过对数据的分析，可以更快、更精准地获取人们的各种消费习惯、消费喜好。面对人们消费习惯、消费理念的转变，以及不同人之间差异极大的消费状况，转变企业的营销模式，就显得尤为重要。曾经，企业在进行市场营销活动时，总是依赖于所谓的经验以及复杂的企业营销管理方法，而新时代的市场营销是依靠数据挖掘顾客喜好，从而有针对性地制订市场营销方案。

第三节　大数据与精准营销

一、精准营销的发展

现代营销活动中非常关键的一个环节就是市场的细分与定位。只有市场细分足够准确，才能保证市场、产品和品牌定位的有效性。而大数据营销可以对消费者的消费行为进行精准衡量和分析，在这样的基础上建立相应的数据体系，通过数据分析进行客户优选，最后通过市场测试确定所做的定位是否有效，以此来实现精准营销。

精准营销（Precision Marketing）的概念是由营销专家菲利普·科特勒在 2005 年年底提出的。他认为企业需要更精准、可衡量和高投资回报的营销沟通，需要制订更注重结果和行动的营销传播计划。而精准营销简单来说就是五个合适，即在合适的时间、合适的地点、将合适的产品以合适的方式提供给合适的人。

现阶段互联网上的竞争变得越来越激烈，一般的网络精准营销已无法满足企业的发展和需求，在这样的背景下，大数据精准营销被推到台前。企业之所以需要大数据精准营销，是因为大数据精准营销更有针对性，更一针见血，更能高效捕捉目标客户、降低企业运营成本。

相对于传统的精准营销，大数据精准营销有以下四点优势。

（1）可量化：传统的营销定位具有局限性，依靠现代信息技术精确定位市场的精准营销，量化营销的结果，所以比一般的网络营销效果更好。

（2）可调控：传统的广告沟通成本高，企业想要通过低成本达到快速增长根本不可能。精准营销借助的是数据库技术、网络通信技术及现代高度分散物流等手段，保障了与客户的长期个性化沟通，使结果可度量、可调控，成本更低。

（3）保持企业和客户的互动沟通：开发新客户的成本比维持老客户的成本要高，精准营销提供的系统手段可以保障企业和客户的长期沟通，从而不断满足客户的需求，提高用户黏度。

（4）简化过程：精准营销依赖现代科技手段，实现高效营销，简化了中间的环节，脱离了传统营销模块，使营销成本大大降低。

而大数据背景下的精准营销，用一句话概况就是“利用大数据手段在合适的时机，通过合适的渠道，在合适的场景，把合适的内容，推给合适的用户”。大数据极大程度上改变了传统的营销方式。以往的营销主要是通过群体分析进行品牌传播，而在大数据时代却是让营销变得更加精准、更加有效，甚至直接促成交易，极大地提高了营销的效率。

同时，大数据实现了线下渠道和线上渠道的结合，让传统的营销方式直接进入多屏时代。大数据通过用户画像分析、市场状况分析、触达场景分析、营销产品内容分析，洞悉营销对象的诉求点，利用个性化推荐技术，实现了真正意义上的个性化精准营销。可以这样理解，精准营销的极致状态就是个性化精准营销，而大数据的个性化推荐技术反过来让营销更加精准。以往的营销手段想都不敢想的千人千面，自从有了大数据的个性化推荐技术，并在数据挖掘分析的帮助下，变成了现实。毋庸置疑，大数据可以帮助企业进行营销决策的调整与优化，也有助于企业发现机遇，如新客户、新市场、新规律、规避风险、消除潜在威胁等。如此一来，企业如何驾驭数据、利用数据驱动实现业务洞察，是形成差异化竞争优势的关键所在。

二、精准营销的基本策略

（一）产品精准定位——文本挖掘

曾经有过这样一个例子。每当问到外国人对中国什么最关注的时候，很多人条件反射就会回答经济、政治，等等，但这是否是客观真实的呢?如果在Google上利用“Chinese”作为关键词进行查询，就会列出搜索量最大的前30个包含“Chinese”的组合词。看到数据以后，我们会发现，搜索量最大的“中国的×××”一类词中，其中“Chinese food”和“Chinese girl”都排在20多名，而剩下的词都与一个主题相关，那就是“玄学”。搜索量最大的关键词是“中国占卜”“中国占星术”“中国历法”等相关的词。原来，外国人最关注的是中国玄学，这才是真实的情况。

曾经，很多企业在需要进行产品定位的时候，会去找专业的调查公司拿数据。对于一些中小企业而言，费用未免过高。其实企业可以使用互联网采集海量数据，通过文本挖掘后进行舆情分析从而帮助企业实现产品的精准定位。

文本挖掘是指利用数据挖掘技术，从大量无结构的文本信息中发现潜在的、可能的数据模式、内在联系、规律、发展趋势等，抽取有效、新颖、有用、可理解、散布在文本文件中的有价值的知识，并利用这些知识更好地组织信息的过程。常见的文本挖掘包括文本结构分析、文本摘要、分类、聚类、关联和数据演变分析等，涉及信息抽取、信息检索、自然语言处理、知识发现和数据挖掘技术。

舆情，是“舆论情况”的简称。信息化时代人们越来越深切地感受到舆情，尤其是网络舆情的影响力。外出聚餐之前，消费者会打开大众点评，参考过往食客的评价。那么App上一条条打分和评论就是一种舆情。买车、买家电之前，消费者也会浏览相关网站，或者在微博上搜索一番，看看某品牌或款式的评价如何，负面反馈多不多，这些评价和反馈也是一种舆情。消费者在网络上所形成的对于品牌、产品的评价，企业可以通过网络舆情数据，分析顾客对品牌或产品形象的描述，再对比企业自身的期望，分析原因进行品牌定位或产品定位。例如，从产品、时间、地区等维度分析口碑变动情况及热词分布，对热词进行情感判断，识别热词倾向性。据此企业可针对分析结果，采取针对性的精准营销策略，也可以针对反馈集中的问题对产品进行优化。

不管采用什么方法或者技术，最好是形成一套完整的系统，所以搭建文本挖掘分析系统是最有效率的产品定位管理手段。文本挖掘分析系统分为三个主要模块：文本信息采集、文本挖掘分析引擎和文本分析应用。文本信息通过文本信息采集模块流入文本挖掘分析引擎，文本挖掘分析引擎负责数据加工处理、文本信息分析等，最终分析结果通过文本分析应用展示，分析过程中的数据分别存在产品信息数据库和查询索引数据库中。

1．文本信息采集

文本信息采集的基础在于使用当前十分成熟的网络爬虫技术，对指定网站的数据进行抓取。而运用网络爬虫技术实现对文本信息的采集时，需要注意以下两点。

（1）网页的抓取。对网页进行抓取的原理是通过 HTTP 协议请求访问指定的 URL 资源，URL 资源以 HTML 文档的形式返回给网络爬虫，通过对 HTML 文档的解析完成信息的采集任务。

（2）网页的更新。网页的更新是指网络爬虫访问并采集过的网页随着时间的推移会有内容更新的可能，这就要求网络爬虫周期性地访问那个网页并采集信息。如果这个网页的内容没有更新，就会造成网络爬虫对该网页的多次采集，而且采集的结果是相同的，这样不仅浪费了网络资源，还增加了数据库中的冗余数据。

目前，网页信息的抓取策略主要分为广度优先、最佳优先和深度优先三种。由于深度优先经常会受到限制，因此在很多抓取策略中，主要采用广度优先和最佳优先策略。广度优先是指网络爬虫会先抓取起始页面中链接的所有网页，然后再选择其中的一个链接网页，继续抓取在网页中链接的所有页面。而最佳优先是指网络爬虫会先抓取重要的网页，这就要求爬虫在抓取网页前要判断网页的重要性，其算法比较复杂。

现在市面上的开源网络爬虫工具多达 100 多种，它们各有所长，主要以 Python 为主，其他开源软件为辅，从网络上抓取所需信息。在此，我们需要注意的一点是，现在大多数网站都采取了反爬虫技术，我们在收集数据时，还需要使用多种技术手段应对反爬虫技术。

2．文本挖掘分析引擎

文本分析是利用 NLP 技术分析文本文档、社交媒体、网页等文本数据的一种应用。在我们日常的产品和运营工作中，经常接触的数据分析方法，形式绝大部分是基于对数字或数值的描述性分析，而对数值型数据的分析主要是在事物的“量”上进行描述，但是这并不能解决“质”方面的问题，如“为什么”和“怎么样”。所以，文本分析的需求呼之欲出。

文本数据，包括但不限于社交网络（微博、微信、QQ和脉脉等）、客户反馈（客户抱怨邮件、社交媒体网站的帖子、开放式问卷调查、消费者点评）、新闻媒体、销售人员的拜访记录等数据。而文本分析的目的在于从之前这些被认为难以量化的海量文本中抽取出大量有价值的、有意义的数据或信息。

借助基于大数据的文本分析，可以对用户行为和想法进行科学分析，使用户洞察由原来的主观“猜测”转变为以数据为驱动的精准预测。在新产品上市前，或者是小规模投放市场后，在社交媒体上对粉丝和潜在用户的言论进行收集，对其进行文本分析，知道他们喜欢产品的哪些方面，对哪些方面不太满意，以及他们对产品的其他期望，从而敏捷、快速、准确地对用户的反馈作出积极的回应。

（二）精准寻找目标消费者——客户DNA

精确信息是基础。实施精准营销需要以事实为依据，需要有精确信息作为支撑，这样才能精准把握市场，把握消费者的真实需求。如何精确采集信息呢?受益于现今信息化程度的飞速提高，消费者可以借助各种信息手段产生消费行为，包括通话、购物、网上浏览等，而用户的消费行为会在信息通道留下轨迹和数据，我们可以借助这些数据分析用户、分析市场。

麦肯锡公司的一份研究显示，金融业在大数据价值潜力指数中排名第一。我们以银行业为例，中国银联涉及43亿张银行卡，超过9亿的持卡人，超过1000万商户，每天近7000万条交易数据，其核心交易数据都超过了TB级。

通过银联大数据资料库，可对银行下辖分支机构服务柜台及摆设、理财区装饰，甚至座椅的设计，依照资料库中机构所在地的人口特征、年龄、交易量和复杂度等数据，以及客户在网站、手机银行、微信银行等软件中的使用习惯进行分析，为客户提供个性化服务。例如：针对高龄客户比例偏高的机构，考虑新增矮柜服务窗口并提供大屏幕显示器提醒；针对顾客在网银、手机银行的使用习惯，将浏览率高的栏目与浏览率低的栏目进行重新排版设计，实现提升客户使用率及忠诚度的目的。

（三）在社交互动中精准营销——沟通产生精准

现在的营销推广形式主要是有线电视的付费广告、邮件和短信推送、互联网广告、线下各种实体广告营销、线上电子营销等，其中，推广效果较好的是互联网互动营销。互联网互动营销主要借助互联网技术实现企业和目标客户之间的互动，它的特点就在于抓住了彼此的共同利益点，将双方的联系变得紧密起来。

而在互联网社交平台上的推广，会更强调精准，即精准的投放是推广的核心。精准投放建立在精确信息的基础上，对采集到的信息进行系统分析，对市场进行有效细分，再根据市场的细分有效组织资源，实现消费者和资源的精准匹配。要实现精准投放，需要重视以下三点。

1. 准确定位投放目标

投放目标的准确定位必须构建在对客户需求的精准洞察的基础之上。一方面，大数据时代，客户数据的爆炸式增长对企业精准营销提出了新的挑战；另一方面，不断发展和成熟的人工智能和大数据技术也让企业有能力对客户数据进行深度分析和挖掘，真正通过客户数据了解客户需求，从本质上了解和洞察客户。

举个例子，银行在做营销活动时，可以接触到各式各样的客户数据，有销售的数据，有客户在网上浏览的数据，还有各种各样其他的数据。有了这些客户数据以后我们能做些什么呢?通过大数据分析技术，我们能更加精准地了解每个客户，知道每个客户的投资行为是什么样子的。基于对客户偏好的精准把握，就能选择合适的理财产品推荐给客户。比如说做存贷款产品营销时，可对高价值信用卡用户的资产管理规模（资产管理规模=当月日均存款余额+当月日均投资额）进行分析。筛选他们每月的消费金额、信用额度、当前存款情况、贷款有没有拖欠、是不是商务卡持有者等，通过这些维度对用户进行分析。再针对不同用户给出不同的营销策略，如哪些用户该提升额度，哪些应该为其推荐金融产品。在落实时，可以先通过短信进行营销，再通过呼叫中心了解客户意图。当客户有意向时，再交给理财经理进一步跟进。

事实上，与大数据相结合的精准营销的独特之处，不仅在于对用户群体的精准定位，还在于对“人性”深处的洞悉。巴里·施瓦茨在《选择的悖论》一书中曾描述：商品的过度丰富不仅不能让消费者更快乐，反而使他们在购物前就感到疲累、沮丧。消费者的诉求在不断提升，他们需要的不再是简单的商品，而是功能、情感、社会属性等多方面的满足，他们需要的是一种深度的消费，而智能客服结合精准营销、深度营销与垂直营销，有效地解决了“消费焦虑症”。

2．实时把握营销时机

信息化时代，消费者时刻都在产生需求。营销或服务，只有在客户最需要的时候立即出现，才能让客户在惊喜中感受到服务和产品的溢价。随着客户需求越来越个性化、弹性化、生活化、差异化，业务也越来越复杂，营销的难度也在逐渐加大。只有在客户消费行为过程中，通过实时捕获用户行为数据，并对其进行即时分析，得到客户的需求最高点时机，此时触发营销的执行，才是最佳的营销时机。例如，在客户有一定量储蓄时主动推荐理财投资产品，在客户余额较低时主动推荐分期付款产品，更可能获得事半功倍的效果。

3．智能匹配

在互联网上，内容足够好的广告固然能引发用户点击和分享，但能让用户形成购买意愿的广告，更需要触及用户的兴趣，尤其是在当前场景下用户最关心的兴趣。换言之，关键问题在于，如何把握用户在“当下”最关心的话题。

例如，腾讯视频在进行精准场景投放时，会从两个层面考虑：一是通过大数据导出的用户画像，掌握用户的长期兴趣，形成对单个消费者的兴趣标签；二是根据消费者当前场景及行为，把握瞬时兴趣，洞察其潜在的购买意向。腾讯视频在为携程定制的针对老用户的“再营销”投放中，通过分析某用户的过往数据，识别出该用户收入水平较高，青睐欧洲旅游，重视旅游服务等“长期兴趣”；而当该用户身处资讯阅读场景中时，捕捉到其阅读了爱尔兰的签证和景点等信息，腾讯就能通过效果广告平台，为其推送携程的爱尔兰高端定制旅游产品，从而把握用户瞬时兴趣带来的商机。而且用户可以通过点击广告直接唤醒携程 App，缩短购买路径。突破性的数据对接和技术运用为携程带来了点击通过率的两倍提升和投资回报率的 200%提升。

三、大数据下的精准营销

精准营销在大数据技术的推动下，其效果和影响力得到了显著提升。通过大数据的深度分析和精准定位，企业可以更好地理解消费者需求，优化产品和服务，从而实现销售增长和品牌提升。下面，我们将对大数据下的精准营销进行详细的深度分析，从确定目标、收集数据、分析建模到制定战略四个方面展开讨论。

（一）确定目标：明确营销的方向和重点

在大数据时代，精准营销的首要任务是明确目标和方向。企业需要根据市场环境、竞争对手、目标客户群体等多方面因素，制定符合自身实际的营销目标。通过对大数据的深度挖掘和分析，企业可以更加准确地了解市场需求、消费者行为和趋势，为确定营销目标提供有力的数据支持。

确定目标是精准营销的第一步，也是关键的一步。下面我们将对确定目标进行详细的深度阐述和分析。

1．目标的重要性

确定目标是企业在大数据下进行精准营销的重要步骤。明确的目标可以为后续的数据收集、分析和建模提供清晰的方向，避免营销资源的浪费和无效使用。同时，一个合理的目标也可以作为企业精准营销的评估标准，帮助企业了解营销效果的达成情况，从而进行策略调整和优化。

2．目标设定的依据

在设定营销目标时，企业需要考虑多方面因素。首先，企业需要了解市场环境和竞争对手的营销策略，从而找到自身的优势和不足，制定针对性的营销目标。其次，企业需要结合自身产品和品牌的特点，确定目标客户群体的特点和需求，为制定精准的营销策略提供依据。例如，如果企业发现目标客户群体是年轻人，那么企业可以通过对年轻人喜欢的社交媒体和电商平台的数据进行分析，了解年轻人的购买习惯、喜好和需求，从而制定符合他们需求的营销策略。

3．目标的具体化

在确定营销目标时，企业需要将目标具体化。具体化的目标可以使得企业更加清晰地了解营销的方向和重点，从而制定针对性的营销策略。例如，如果企业的营销目标是提高品牌知名度，那么企业可以通过对社交媒体、搜索引擎等数据进行分析，了解消费者对品牌的搜索量和关注度，从而制定针对性的推广策略。

4．目标的调整与优化

在大数据时代，市场环境和消费者需求的变化是快速的。因此，企业在设定营销目标后，需要不断地进行目标和策略的调整和优化。例如，如果企业在实施精准营销策略后发现实际效果与预期存在较大偏差，需要对目标进行调整。同时，企业还需要根据市场环境和消费者需求的变化，对精准营销策略进行调整和优化，以实现营销目标的达成。

确定目标是大数据下精准营销的重要环节。明确的目标可以为后续的数据收集、分析和建模提供清晰的方向，帮助企业制定针对性的营销策略。在设定营销目标时，企业需要考虑多方面因素，并将目标具体化。同时，需要根据实际情况不断地调整和优化目标和策略，以实现最佳的营销效果。

（二）收集数据：多渠道获取消费者信息

收集数据是精准营销的重要组成部分，通过多渠道获取消费者信息，企业可以更加深入地了解消费者需求、购买行为和趋势，为后续的数据分析和模型建立提供有力的支持。下面我们将对收集数据进行更加深入的分析。

1．收集数据的重要性

收集数据是精准营销的基础和关键环节，它可以帮助企业更好地了解消费者的需求、购买行为和偏好，从而制定更加针对性的营销策略。通过收集消费者信息，企业可以及时掌握市场趋势，发现新的市场机会，提高企业的市场竞争力。同时，数据还可以反映消费者对产品的反馈和评价，为企业改进产品和服务提供参考。

2．数据收集的渠道

（1）线上渠道。线上渠道是大数据时代收集消费者信息的主要来源之一。包括社交媒体、搜索引擎、电商平台、在线问卷调查等都是有效的数据收集渠道。这些平台可以提供消费者的个人信息、兴趣爱好、购买行为等大量有价值的数据。

社交媒体平台。社交媒体是现代人日常生活中不可或缺的一部分，如微博、微信、抖音等社交媒体平台上汇聚了大量的用户信息。企业可以通过分析这些平台上的用户发布的内容、点赞、评论等数据，了解消费者的兴趣爱好、购买意愿等信息。

电商平台是消费者进行网络购物的主要场所之一，如淘宝、京东等电商平台上汇聚了大量的用户数据。企业可以通过分析这些平台上的用户浏览、搜索、购买等数据，了解消费者的购买习惯、需求等信息。

搜索引擎。搜索引擎是消费者获取信息的主要途径之一，如百度、谷歌等搜索引擎上汇聚了大量的搜索数据。企业可以通过分析这些搜索引擎上的搜索关键词、搜索结果等数据，了解消费者的关注点、需求等信息。

（2）线下渠道。线下渠道也是收集消费者数据的重要途径。包括实体店、会员系统、市场调研等都可以提供大量的消费者数据。

实体店。实体店是传统的销售渠道之一，通过在实体店进行消费或者观察实体店的销售数据，企业可以了解消费者的购买行为、消费能力等信息。

会员系统。会员系统是企业与消费者之间建立联系的重要手段之一，通过会员系统可以收集到消费者的基本信息、购买历史、积分兑换等数据。这些数据可以帮助企业更好地了解消费者的忠诚度和需求。

市场调研。市场调研是通过问卷调查、访谈等方式收集消费者数据的重要途径之一。通过市场调研，企业可以了解消费者的需求、偏好、购买意愿等信息。

3．数据收集的隐私和安全问题

在收集消费者数据时，企业需要遵守相关法律法规和隐私政策，确保数据的安全性和合法性。同时，企业还需要对数据进行脱敏处理，避免敏感信息的泄露。例如，企业可以通过匿名化处理等技术手段，将消费者数据中的个人信息进行脱敏处理，以保护消费者的隐私。同时，企业需要建立完善的数据管理制度和安全机制，确保数据不被滥用或泄露。

4．数据收集的实时性和有效性

在大数据时代，消费者数据是不断变化的，因此企业需要实时更新数据，确保数据的实时性和有效性。同时，企业还需要对数据进行筛选和清洗，去除无效和异常数据，保证数据的准确性和可信度。

（1）实时性。数据的实时性是指企业需要不断地收集和更新消费者数据，以反映消费者的最新需求和行为。在大数据时代，消费者数据的变化速度非常快，企业需要能够及时捕捉到这些变化，以便能够快速地响应市场变化和消费者需求。例如，对于电商平台来说，消费者的购买行为和偏好可能会随着时间和市场的变化而发生变化。企业需要通过实时收集和分析这些数据，及时调整自己的产品和营销策略，以满足消费者的需求和提升用户体验。

（2）有效性。数据的有效性是指企业需要收集和利用准确、可信的数据，以支持精准营销策略的制定和实施。数据的准确性和可信度对于企业来说至关重要，如果数据存在误差或者不真实，那么企业的营销策略就可能失去准确性，甚至产生误导。为了保证数据的准确性，企业需要进行数据清洗和筛选，去除无效和异常数据。同时，企业还需要不断地验证和更新数据，以确保数据的真实性和可信度。例如，对于电商平台来说，用户的评价和反馈数据是衡量产品和服务质量的重要指标。如果这些数据存在虚假或者不真实的情况，就会对企业的产品和服务产生误导。因此，企业需要通过数据清洗和分析，确保数据的真实性和可信度。

（三）分析建模：深入挖掘数据中的价值

在大数据时代，分析建模是精准营销的核心环节。通过深入挖掘消费者数据中的价值，企业可以获取消费者的洞察、预测市场趋势并制定更加精准的营销策略。下面我们将对分析建模进行详细的深度分析。

1．分析建模的重要性

分析建模是精准营销的关键步骤，它可以帮助企业从海量的消费者数据中提取有价值的信息，指导企业的营销决策。通过分析建模，企业可以了解消费者的需求、偏好和行为特征，预测消费者的购买意向，从而制定更加个性化的产品推荐和促销策略。此外，分析建模还可以帮助企业发现市场趋势和竞争对手的动态，为企业提供战略调整和市场竞争的参考。

2．常用的分析建模方法

在精准营销中，常用的分析建模方法包括聚类分析、关联规则挖掘、预测模型等。

（1）聚类分析。聚类分析是一种将消费者群体划分为不同类别的方法。通过聚类分析，企业可以将消费者群体划分为不同的细分市场，针对不同细分市场的消费者群体制定个性化的营销策略。

（2）关联规则挖掘。关联规则挖掘是一种发现消费者购买行为中关联关系的方法。通过关联规则挖掘，企业可以发现消费者购买行为之间的相关性，从而优化产品组合和陈列方式，提高销售额。

（3）预测模型。预测模型是一种基于历史数据和市场趋势预测未来消费趋势的方法。通过预测模型，企业可以预测市场趋势和消费者需求，提前做好生产计划和市场布局。

3．分析建模的实践应用

（1）个性化推荐。通过分析消费者数据，企业可以了解消费者的购买偏好和需求，为消费者推荐个性化的产品和服务。例如，电商平台可以根据用户的购买历史和浏览历史，为用户推荐相关的商品和活动。

（2）市场细分。通过聚类分析，企业可以将消费者群体划分为不同的细分市场，针对不同细分市场的消费者群体制定个性化的营销策略。例如，化妆品品牌可以根据女性的肤质、年龄等因素，推出不同系列的产品和营销活动。

（3）营销效果评估。通过分析建模，企业可以对营销活动的效果进行评估，从而优化营销策略。例如，企业可以通过对比营销活动前后的销售额、流量等指标，评估营销活动的效果，为后续的营销活动提供参考。

（4）战略制定。通过分析市场环境和竞争对手的数据，企业可以制订更加合理的战略规划。例如，企业可以通过分析市场趋势和竞争对手的营销策略，调整自身的产品定位和市场策略。

分析建模是精准营销的核心环节。通过深入挖掘消费者数据中的价值，企业可以获取消费者的洞察、预测市场趋势并制定更加精准的营销策略。在实践中，企业需要结合自身实际情况选择合适的方法和技术，不断提升分析建模的能力和精准营销的效果。

（四）制定战略：精准制定营销策略

制定战略是精准营销的重要环节之一，通过精准制定营销策略，企业可以更加有效地吸引目标客户群体，提高市场占有率。下面我们将对制定战略进行详细的深度分析。

1．制定战略的重要性

制定战略是精准营销的关键环节之一，它可以帮助企业明确自身的市场定位和营销目标，从而制定更加针对性的营销策略。通过制定战略，企业可以更好地了解自身情况和市场环境，制订更加合理的发展计划，提高企业的市场竞争力和盈利能力。

2．制定战略的依据

在制定战略时，企业需要考虑多方面因素。首先，企业需要了解自身的优势和不足，明确自身的市场定位和竞争地位。其次，企业需要了解目标客户群体的特点和需求，制定符合目标客户群体需求的营销策略。此外，企业还需要了解市场环境和竞争对手的营销策略，从而制定更加有针对性的营销策略。

3．制定战略的步骤

在制定战略时，企业需要遵循一定的步骤。首先，企业需要明确自身的营销目标和市场定位，确定目标客户群体。其次，企业需要根据目标客户群体的需求和特点，制定针对性的营销策略。例如，对于年轻消费者群体，企业可以制定以社交媒体和互联网平台为主要推广渠道的营销策略，通过与网红、意见领袖等合作，提高品牌知名度和美誉度。

同时，企业还需要考虑市场环境和竞争对手的动态，及时调整和优化营销策略。例如，如果发现竞争对手在某个渠道的营销效果非常好，企业可以尝试在该渠道加大投入，提高在该渠道的市场份额。

4．制定战略的注意事项

在制定战略时，企业需要注意以下几点。首先，企业需要明确自身的优势和不足，制定符合自身实际的营销策略。其次，企业需要了解目标客户群体的需求和特点，制定符合目标客户群体需求的营销策略。此外，企业还需要了解市场环境和竞争对手的动态，及时调整和优化营销策略。

同时，企业还需要注重营销策略的创新性和个性化，以吸引目标客户群体的关注和提高品牌竞争力。例如，企业可以采用一些新技术和新形式来创新营销策略，如虚拟现实、增强现实等。

综上所述，制定战略是精准营销的重要环节之一。通过精准制定营销策略，企业可以更加有效地吸引目标客户群体，提高市场占有率。在制定战略时，企业需要明确自身的优势和不足、了解目标客户群体的需求和特点、了解市场环境和竞争对手的动态，从而制定符合自身实际的、针对性的、创新的营销策略。

第七章　大数据与企业经营

第一节　大数据与风险管理

一、风险与风险管理

（一）风险管理

1．企业风险含义

企业风险，狭义上一般指所有的企业在生产和经营中可能出现的各种风险。现阶段国际上的认知主要是指不确定因素可能对于企业造成的影响，这个影响可能好也可能坏。这与我国《指引》中的含义大同小异，均是反映了风险会对企业的经营发展造成两面性的影响，有好有坏并不绝对。而本章所指的企业风险是对风险的狭义理解，主要是指企业中存在的可能导致企业无法实现战略目标的潜在危机，需要企业加以防范与控制的。

2．风险管理

风险管理，从字面来讲，是指在企业自身的生产和运营中，对可能产生的整合、成长、盈利、偿债等方面的风险进行一个精准识别、评价、应对的过程，是保障现代企业长远发展的重要关卡。在这个过程中，对于风险的大小、对企业的影响程度以及处理风险的成本、预期损益要作出一个衡量，并且进行判断与取舍。

3．大数据背景下风险管理特征

在传统的风险管理思路下，企业面临的主要风险管理因素为市场、法律、管理、盈利、经营等因素，在风险管理方面也主要是以资产管理为主，对影响企业发展的内外部因素进行衡量评判以达到风险管理的目的。因此，传统的风险管理主要集中在制度是否合理、设置是否专业、评估是否完善等方面。随着大数据时代的到来，互联网信息技术不断发展，互联网经济也在各行各业中发挥着重要作用，它带给了企业风险管理明显的不同。

首先，大数据背景下企业风险管理的内容更加复杂多样。较之以往的风险管理模式，信息技术背景带来机遇的同时也带来了不小的挑战，面对企业内部更为复杂的数据信息，所面临的风险也更加多样，所以风险管理面临的问题也更加繁杂。

其次，大数据背景下的风险管理的管理流程得以简化。高端、专业的信息系统的引入，以及各方面操作智能化比之前风险管理操作更加便捷高效，管理方式也更加灵活。

最后，大数据背景使得风险管理模型优化创新。信息技术的运用，使得企业对于数据的掌握与操控更加全面，能够实现对各种要素的有效分析，从而带动管理模式的变动创新。

（二）风险管理的要素

美国 COSO 组织编写《企业风险管理框架》，定义了全新的风险管理框架（ERM），它使得内部控制从以往旧的框架里脱离出来，更加细化与全面，使得内部控制作为一项管理职能来发挥作用。据此指导企业进行风险管理活动，使得内部控制与业务紧密结合，也让风险防范理念深入到制度发展战略、进行业务往来、经营成长等各个环节中。ERM 分为八个要素，即内部控制环境、目标制定、事项识别、风险评估、风险反应、控制活动、信息与沟通、监控。

1．内部控制环境

企业的内部控制环境是指能够影响到内部控制有效性的各种内部因素，作为企业内部控制实施的大环境，具有基础性的作用。其中包括企业的组织结构与人员分工、企业文化、企业奖惩制度、企业人员素质等。

2．目标制定

目标制定是指企业在确立其发展愿景以及作出规划后，提出的合理的战略目标，从整体上来看就是公司的经营目标、资源目标、合规目标、生产目标等都要符合公司的发展目标，并且要确定企业可承担的风险水平以及风险接受应对能力。

3．事项识别

企业管理者需要对不确定性因素进行事项识别，它们是由于企业外部政策、行业环境或者内部战略转化、业务转型等因素引发的，会为企业带来或好或坏或者好坏都有的影响。企业管理者应当在充分调研的基础上，对这些事项进行识别，区分它可能带来何种影响以及影响的大小。

4．风险评估

企业经营者应根据风险的发生概率和所造成的危害程度，对所确定的风险因素进行评价，并且根据企业自身实际，针对不同类型的风险分类制定准确科学的定量、定性分析标准。

5．风险反应

在对风险进行评估的基础上，企业经营者应对其进行反应，结合风险产生原因、企业的风险承受能力和应对能力等，制定有效的举措来应对风险，形成方案并通过多方对其可行性进行评价。

6．控制活动

控制活动是指企业实施的具体的各项措施，以确保先前制订的风险应对方案可以按照计划准确实施，得以有效应对风险。控制活动的制定具有灵活性，要根据不同的业务特点和风险处理需求来选择制定。

7．信息与沟通

信息与沟通是指要及时、准确、完整地传递各部分信息到企业管理层，同时及时、准确、完整地将上级要求信息向下传递，确保信息在各个层级之间有效流转，也确保二者之间有效进行信息交换与沟通。这里的信息包括内部与外部信息两部分。

8．监控

监控是确保内部控制体系高效运转的最后防线，对于内部控制制度建立的合理性及后续运行进行评价，以便及时发现内控缺陷并改进，是内部控制实施的重要保障。

9．大数据背景下内部控制特征

大数据时代的到来，使得各行各业都发生了转变，伴随着信息时代而来的是大量数据与技术，改变着人们的生活，也对企业内部控制产生了一定的影响。相较于传统的内部控制，大数据时代下的内部控制主要有以下两个方面变化特征。

（1）内控手段智能化。得益于现在飞速发展的互联网信息技术，企业管理平台与登记审核等手续都在平台内部进行，很多人工操作改为智能化操作，基于此，内部控制活动也更为智能，可以使用平台进行数据的审核分析等以此来施行控制活动。

（2）内控环境复杂化。随着大量数字化平台的使用，企业内外部数据增多，企业面临的风险也增多，繁多的数据需要分析、辨别，内部控制环境也更加复杂多样。

二、风险管理理论

（一）多米诺骨牌理论

多米诺骨牌理论学说，海因里希于1920年首次提出，其阐明了不良事件和造成此次事件的多种因素的联系。这一理论指出，尽管事故发生得很突然，但造成意外的原因却并非一个，它是由多个因素综合造成的。该理论运用于企业风险管控中，可以理解为导致企业重大损失或者破产的原因往往不是单一的，是多个环节产生问题而共同造成的结果。企业在进行风险控制时，可以抓住引发问题的关键风险点，对此风险进行管控从而避免产生不好的结果。

（二）动态平衡理论

动态平衡理论以巴纳德为代表，侧重于对人员的心理和行为进行研究。有业务的地方就有风险，风险可以减少和控制，但却永远无法消灭。风险和利得损失之间是一个动态平衡的过程，将二者维持在一个合理的状态中是较为稳妥的做法，也是公司管理层风险管理追求的目标。举例来说，如果风险管理中所保护的企业资金小于其可能给我们带来的价值与收益，或者小于事后处理的成本等，那么我们应该重新考虑是否要对这部分风险采取措施进行控制。并且考虑动态平衡是一个复杂的事情，还需要考虑风险发生对公司其他方面的影响，如用户忠诚度、投资方的看法等，并非是简单几个影响因素可以决定的，风险管理中要牢牢把握好平衡这一要点。

（三）全面风险管理理论

全面风险管理（ERM）起初是应用于中央企业的管理，现应用于企业领域，具体是指企业为达成总体经营目标，在生产经营的各个环节中进行风险管理活动的过程。要营造良好的风险管理环境，建立健全风险管理体系，包括风险管理的策略、措施、组织职能体系、信息系统和内部控制系统等。全面风险管理理论主要传达了以下思想内容：第一，将风险管理划入更高层次的议题；第二，站在风险管控的视角上，将整体风险作为管理对象建立风险防范体系；第三，风险源于企业生产经营各环节，风险管理也就伴随贯穿企业生产经营的全过程；第四，风险的全面管理包括对风险的识别、分析、评估、应对等环节；第五，全面风险管理理念涵盖了内部控制，但二者的范畴、活动以及侧重不同，二者之间是互相交叉又有所区别的不可分的关系。

数字经济时代，大数据环境给企业带来机遇的同时也提出了新的挑战。企业利用大数据技术能够有效提高财务管控水平，防范财务风险。但在大数据环境下，如果企业财务信息化水平落后、信息化技术利用不到位较以往更容易产生管理漏洞，造成财务风险，导致企业发展后劲不足。企业需要高度重视财务风险，做好财务风险防范工作，创建适应大数据时代发展的财务风险识别与管控机制，促进企业的可持续发展。

三、大数据环境对企业管理风险识别与管控的影响

信息获取渠道广泛、数据量大是大数据最突出、最重要的特点，大数据的这些特点使得其在企业管理领域中的应用产生一系列的影响，尤其是在管理风险的识别与管控方面。

（一）对企业管理风险识别的影响

1．大数据收集

企业管理风险识别工作是基于有效数据的基础上开展的。大数据环境下，企业被海量、冗杂的活动数据包围着，如何快速在海量数据中收集到对企业有效的财务信息就略显困难。企业面对各种渠道获得的数据，首先需要分析渠道的有效性，其次需要分析获取数据的精确度与相关性，最后需要获得关联方数据。这种关联性主要体现在财务与业务数据相关联，企业内部数据与外部数据相关联。可见，以上环节的大数据收集流程必然对企业管理风险识别工作提出更高的要求，导致管理风险识别工作量的增加。

2．大数据处理

大数据处理是企业管理风险识别的重要环节，关系到后续大数据分析的准确性与可行性。大数据环境下，大数据处理技术不断完善，企业需要将大数据技术应用于现有的企业管理软件中，提高企业数据处理能力。通过大数据处理技术发现企业主体之间的关联关系，挖掘企业主体之间的未知

联系，识别企业风险行为，从而对企业风险进行正确评估。注重大数据技术与企业现有信息系统的融合是企业管理风险识别工作首先需要解决的问题。

3．大数据分析

大数据环境下的企业管理风险识别区别于企业传统的财务分析，它采用多维度的数据分析模式，经过精细化实时统计分析，注重过程分析，有效提高企业风险识别的效率效果，帮助企业积极预防管理风险，扩展了数据分析的应用场景。传统的企业财务分析主要集中于事后分析，通过企业报表反映企业的相应能力，数据分析结论应用场景体现在投资者、决策者等，该结论对于企业各运营部门应用价值并不高。而注重过程分析的实时大数据管理风险识别可以有效展示企业各运营阶段财务情况，该实时情况展示及大数据分析结论能够为企业各个运营环节提供数据参考，极大地扩展了数据分析的应用场景，提高了企业风险识别与管控能力。

（二）对企业管理风险管控的影响

1．改善管控技术

事务管控效率为先，技术为重。大数据技术的不断完善，使其可以应用于企业管理风险管控的各个环节，包括筹资风险识别与管控、投资风险识别与管控、经营风险识别与管控、现金流量风险识别与管控。大数据技术较传统的数据技术而言，在管理风险的预测与个性化决策等方面都有了很大改善。大数据技术将数据链与企业各阶段业务链紧密结合，实时分析与处理企业各种数据，提高企业数据应用价值。大数据技术与企业各个环节信息化技术相融合，助推了企业管控技术的不断改善。

2．提高管控效率

管控效率的提高体现在速度与质量两个方面。速度指企业风险识别与管控的反应力，质量体现在企业风险识别与管控的准确度。大数据环境下，信息技术不断提高，运算精度与信息加载速度日趋改进，能够做到实时深度剖析并出具参考决策。大数据环境下，对管理风险的评估不仅仅依据各项财务指标，而且将各种与之相联系的外部因素也纳入风险评估体系中，从而对企业管理风险进行全面评价，得出的风险评估结论更准确，更具针对性。

3．完善管控流程

准确预测管理风险的同时需要配备与之相适应的风险管控流程，才能有效防范与降低管理风险，减少企业利益损失。大数据环境下，企业如何完善流程是财务管控工作的重点，将企业风险预警模型运用到企业各项活动中，为各部门提供有价值的参考信息。因此，企业需要重新设计管控流程，创建管控节点，将大数据分析数据实时反馈于流程中，形成管控循环网络，确保风险管控的实时有效性。

四、大数据背景下企业管理风险的识别

随着互联网的快速发展，信息技术的不断进步，越来越多的企业将业务扩展到网络中完成，实现了企业全流程业务信息化。互联网经营模式下信息量大幅增加，无效信息充斥着企业，识别不清很容易造成企业风险加大，经营效率将受到影响。

（一）筹资风险识别

企业财务管理的筹资环节风险主要体现在债务筹资和权益筹资的筹资渠道、筹资方式、筹资途径等决策是否合理，以及是否综合考虑了大数据环境中的相关因素。大数据环境下企业不仅要从以财务比率进行风险识别分析，还要对比大数据环境下不同渠道的筹资金额对筹资风险的影响，从而准确剖析风险产生的原因与危害程度。企业筹资风险是不合理的资产负债结构造成的，不同行业的资产负债率有不同的标准。基于大数据技术，企业要先明确该行业的最佳资本结构，在分析行业最佳资本结构的基础上确定本企业合理的资产负债率。如果本单位资产负债率高于既定标准，则选择借款筹资形式更适合，但借款筹资容易对企业造成利息偿还压力，产生不能按期清偿债务的管理风险。此时，企业可以通过大数据采集信息，确定速动比率的适当范围，通过速动比率识别筹资时期的管理风险。

（二）投资风险识别

投资风险产生于企业经营过程中，由于投资项目、规模选择不当或者投资周期预测有误等原因，造成企业无法收到预期收益或投资本金有损的情况。近年来，随着大数据应用效益的日趋提高，越来越多的企业愿意投资大数据项目应用在企业，通过大数据技术管控与分析投资流程与投资收益，降低企业投资风险，提高企业价值。影响企业投资效益的因素有很多，包括企业所处的外部经营环境和企业本身的内在素质。企业所处的外部经营环境，主要是指企业所在地的政治、经济及社会发展情况和相配套的服

务设施建设等。当企业的外部经营环境较差时，信息沟通、原料供应、人力资源、生产秩序、产品销售等都将受到影响，企业投资会处于相对困难的境地，对公司投资效益造成不利的影响。

企业的内在素质主要指企业领导者的素质与管理水平、企业的规模、产品的市场占有率及企业所拥有的资产数量、员工的工作热情和文化素养、生产装备的现代化程度、工艺水平和企业的外部形象等。这些因素中任何一项的变化，将直接影响企业产品的生产和销售，影响成本的增减，从而直接影响企业的投资效益。综上所述，影响企业投资效益的因素错综复杂，需要充分利用大数据技术获取相关数据并分析，才能有效识别企业投资风险。

（三）经营风险识别

经营风险主要包括新产品研发环节的风险、采购环节的风险、生产环节的风险、库存不足的风险、应收账款发生坏账的风险、合同的风险等方面。由于企业在生产经营环节存在诸多影响因素，这些因素中很多是不由企业单方面决定的，需要收集各方信息综合考虑，因此，收集信息的能力与数据分析能力将直接影响企业的经营风险识别效果。大数据环境下，能够有效解决经营风险识别问题，在大量收集数据的前提下，利用大数据技术重组与分析有效信息，将提高识别工作的准确率。

（四）现金流量风险识别

现金流是企业能否正常经营与顺利发展的决定因素，现金流会对企业各项活动产生影响，严重的甚至会影响企业生存。如果一家企业投资活动的现金流量长期为负值，表明企业一直在投资，需要应用大数据技术严格对投资风险进行识别。如果企业现金流量在一定区间内变化幅度较大，甚至出现负值，那么管理者需要考虑是否存在应收账款回收或库存积压等方面的风险。另外，这种不稳定性会对企业的可持续发展带来负面影响。企业现金流贯穿于生产经营的各个环节，现金流量风险识别尤为重要，在正确识别的基础上，企业开展的管理风险管控才有效率效果。

（五）利润表风险识别

利润表是展示企业经营成果的报表，通过对收入、费用、利润的分析可以明确企业发展计划，判断营业收入、费用的合理性，通过大数据技术能够准确对企业收入、费用、利润进行趋势分析，以判断其收入、费用、利润趋势的稳定性，识别利润表项目是否存在管理风险。

五、基于大数据技术的企业管理风险管控思路

企业不仅要正确进行管理风险识别，还需要对确定的风险进行管控，将大数据技术运用于管理风险管控过程中，建立基于大数据技术的企业管理风险管控新思路。

（一）建立健全企业内部控制环境

利用大数据技术在分析企业内外环境的基础上，建立健全企业内部控制环境是企业风险管控的首要工作。大数据时代，信息量巨大，企业内外环境比较复杂。面对激烈的竞争环境，企业需要通过大数据风险识别，透彻分析企业内外环境，在明确企业战略目标的基础上，建立健全企业内部控制环境，提升企业的管理风险管控能力。

1．从信息化流程出发

建立健全企业内部控制环境可以从信息化流程出发，在业务流程中增设管理风险控制节点，风险高于设置值时进行提醒并由主管领导审批后才能进行下一阶段工作。办公信息化是企业提高工作效率的有效途径，也是优化企业内部控制的有效方式。将管理风险管控渗透于信息化流程，做到实时识别，事事管控，将能大幅度提高企业管理风险管控的效率。

2．变更组织机构

基于大数据技术优化企业内部控制环境，需要成立风险管理部门，明确管理部门的职责，树立企业风险管理意识，提高企业各个职能部门的协作能力。另外，各个职能部门中需设置风险监督岗位或者指定专人从事相关工作，保证企业自上而下风险管控目标一致。

3．优化财务管理模式

大数据时代是一个高效的时代，如果企业依旧沿用传统落后的财务管理模式，以人工手段收集财务信息，再对信息进行进一步的整理以及分析，那么势必影响企业的可持续发展。传统的财务管理模式用时长、精度低，制约着企业管理风险识别与管控的效率，短时间内对企业绩效造成影响，长期则影响企业的生存发展。企业应优化财务管理工作模式，提高财务人员对大数据管理技术的运用能力，调整管理节点，建立良好的信息收集与

沟通系统，发挥财务数据融合性特点，有效提高财务信息共享率，形成财务业务一体化的紧密信息网，促进企业健康发展。

（二）基于大数据技术的企业管理风险预警机制

基于大数据技术，企业财务职能不断扩大，财务管理应用范围延展性大幅提高，与此同时，管理风险也随之加大。需要企业构建管理风险预警机制，以及时有效解决财务问题。

1．将管理风险预警机制应用于现有信息化平台

管理风险管控不是某一部门的事情，而是需要各个部门共同参与。那么，财务信息在各部门的实时传递与反馈尤为重要。利用信息化系统能够有效解决信息传递问题，信息化平台下的管理风险预警机制能够实现企业迅速传递、处理、分析财务数据，提高企业的工作效率，加强企业各部门间的协作性。

2．创新财务数据风险预警机制

大数据时代，企业管理风险预警机制逐渐向网络化、智能化的方向发展，企业需要不断提高大数据处理能力，重视管理风险预警机制在各部门的应用，处理好财务数据与业务的衔接，根据企业现有条件完善企业信息化管理流程，建立符合行业规律与企业自身发展目标的管理风险预警机制。创新财务数据风险预警机制主要表现在符合自身发展与管理方式创新两方面。符合自身发展的风险预警系统可以选择定制与自己研发两种方式。采用信息化管理方式，利用大数据技术处理管理风险问题，并根据企业自身需要设立相应职能部门，便于及时规范各部门人员的行为，有效保障企业管理风险管控工作的顺利进行。

（三）建立健全企业大数据管控机制

1．数据及时更新与整理

大数据时代，数据量巨大且递增速度极快，企业要想在庞大的商业环境中促进自身的运营，需要做到数据的及时更新与整理，确保数据分析的有效性。在有效数据的前提下进行管理风险的识别与管控才能保证企业运营的效率。对于分析的数据需要及时更新与分类，将最新的数据应用于大数据分析中，才能有效预防财务数据的风险。大数据能够对企业营商环境产生极大的影响，数据的有效性更是决定企业经营成效的保障。大数据最

重要的特点在于它能够聚合闲散的信息，通过整合与深入挖掘寻找共同点。企业是否能利用大数据优势，对有效数据进一步挖掘，是企业能否适应大数据时代的关键所在。大数据能否及时更新是衡量数据有效与否的重要指标。在企业管理风险识别过程中应用有效的大数据是企业更好地适应大数据时代的突破口。

2. 数据安全

网络环境中，安全至关重要，企业需要格外注意数据安全管理，防止数据信息泄露对企业产生不利的影响。企业需要充分应用大数据技术，重视数据安全防护，实时全面排查数据漏洞，建立数据防护体系，提升数据库安全。大数据时代，数据价值即为企业价值，忽视数据安全会给企业带来严重的风险，甚至影响企业的生存发展。数据规模越大，企业风险越大。企业每天产生各种各样的数据，绝大多数都涉及企业机密，其中包括企业交易信息、客户信息、位置定位、联系方式等，这些信息如果泄露，将会给企业造成巨大损失。综上所述，基于大数据技术风险管控需要从多角度出发，不断提高企业风险防范意识，提升企业风险防范能力，以便及时发现企业管理风险并有效降低风险影响值，对企业的可持续发展起到保障作用。

第二节 大数据与企业决策

一、大数据环境下的决策变革

决策理论学派认为，决策是管理的核心，它贯穿于管理的全过程。企业决策是企业为达到一定目的而进行的有意识、有选择的活动。在一定的人力、财力、物力和时间因素的制约下，企业为了实现特定目标，可从多种可供选择的策略中作出决断，以求得最优或较好效果的过程就是决策过程。决策科学的先驱西蒙（Simon）认为，决策问题的类型有结构化决策、非结构化决策和半结构决策。结构化决策问题相对比较简单、直接，其决策过程和决策方法有固定的规律可以遵循，能用明确的语言和模型加以描述，并可依据一定的通用模型和决策规则实现其决策过程的基本自动化。这类决策问题一般面向基层管理者。非结构化决策问题是指决策过程复杂，决策过程和决策方法没有固定的规律可以遵循，没有固定的决策规则和通用模型可依，决策者的主观行为（见识、经验、判断力、心智模式等）对各阶段的决策效果有很大影响，往往是决策者根据掌握的情况和数据临时作出决定。半结构化决策问题介于上述两者之间。而战略决策问题大多是解决非结构化决策问题，主要面向高层管理者。

企业战略管理层的决策内容是确定和调整企业目标，以及制定关于获取使用各种资源的政策等。这种非结构化决策问题不仅数量多，而且复杂程度高、难度大，会对企业的发展产生直接影响。这就要求战略决策者必须拥有大量的来自企业外部的数据资源。因此，在企业决策目标的制定过程中，决策者自始至终都需要进行数据、信息的收集工作。而大数据为战略决策者提供了海量和超大规模数据。大数据时代，工商管理领域正在利用大数据创新商业模式，同时也在创造新的产业空间。在零售业方面，可以通过大数据分析掌握消费者行为，挖掘新的产业模式；在销售规划方面，可以利用大数据分析优化商品的价格与结构；在运营方面，能够利用大数据分析提高运营效率和客户满意度，优化生产结构，避免产品过剩；在供应链方面，可以使用大数据对库存、物流、供应链等工作进行优化。在金融业领域，利用大数据可以实现市场趋势预测、诈骗识别和风险管理等功能。除此以外，大数据也可为新兴的文化创意产业提供扎实有效的数据支撑。例如，超市的排货问题，传统的做法是遵循物以类聚的原则，但是在大数据环境下，依据数据相关性分析，还存在着更加合理的方式。

二、大数据时代决策流程的变化

管理流程可分为三种基本形式。

一是管理规划流程，包括开拓未来重大事项的管理流程，包括管理战略规划、管理开发以及新管理流程的设计等内容。

二是管理运营流程，即组织、实现日常管理活动功能的管理流程，包括生产、供应、销售、现金收支管理、管理报告等日常企业管理活动。

三是管理保障流程，即保证管理战略流程和管理运营流程顺利实施而提供保障的流程，包括人力资源价值管理、管理信息、系统管理等内容。

这三种基本流程构成统一整体，形成整体管理流程。企业管理流程既是各种管理工具有效运用的基础，又是企业管理聚合的重要手段，对提升企业管理效率具有重要的意义。

（一）企业管理职能的定位

企业的管理职能部门一直专注于分析管理报表的数据，因而为管理者提供的信息是十分有限的。企业管理职能的定位需要从多个方面进行考虑和分析，以确保各项管理活动能够为企业的整体发展做出贡献。同时，随着企业的发展和市场环境的变化，管理职能的定位也需要不断地进行调整和优化，以适应不断变化的市场需求和企业目标。在大数据时代，管理部门仅对自己公司管理报表的数据进行分析是不够的，而要面对范围更宽、规模更大的数据，企业的现状以及存在的问题可以被更全面地了解到，管理状况以及经营的成果也可被及时评价。企业管理能够进一步实现自动化和智能化。

（二）“云会计”引发会计核算的革命

云计算主要可以解决两个大数据分析上的问题，第一个是将大量异构和本质不同数据源结构化；第二个是对这些数据进行管理、处理和转换。企业可利用基于云端的服务来满足数据分析需求，提升信息服务质量，加快决策问题求解。对于决策来说，数据分析和数据解释也非常重要，可以通过引入可视化技术对结果进行分析，用图像的方式向用户展示使其更易理解和接受。

“云会计”是指构建于互联网上，并向企业提供会计核算、会计管理和会计决策服务的虚拟会计信息系统。在会计领域，云会计作为一种新兴的基于云计算技术和理念的会计信息化模式，可实现企业信息系统的有效集成，提高企业的管理能力，增强企业的竞争优势。企业会计信息化建设最好的体现就是在会计信息系统中采用云计算。云会计应用在企业管理活动中能保证企业长期发展的动力。为更好地推动会计工作发展，企业管理会计和决策应重点应用云会计。为更好地把工作重心放在经营管理上，一般对会计信息化服务都采用外包形式。

在大数据时代，云会计在企业管理信息化中的应用具有较大优势。企业管理者能利用云会计进行业务信息和会计信息的整理、融合、挖掘与分析，整合管理数据与非管理数据，提高企业决策的科学性和准确性；同时大数据下的云会计可以借助主流的大数据处理软件工具，对来自企业内部和外部海量的结构化数据和非结构化数据进行过滤，并以众多历史数据为基础进行科学预测；云会计还可根据这些海量数据，将其应用于企业成本控制系统，分析企业生产费用构成因素，为企业进行有效的成本控制提供科学的决策依据。大数据下云会计的应用优势之一就是保证企业管理流程顺利实施。云会计模式所构建的管理模式可体现出事件驱动的特点，这不同于传统的管理信息系统账表的驱动方式。管理流程在云计算的影响下都转至线上，通过云系统存储相关企业数据；借助云计算全面支持生成合同、购销业务、会计人员业务记录等，便于所有业务流程传至云端，从而完成相关存储及自动运算，并能形成数据报表。对其外部协同部门来说，在云计算系统的支持下，企业将数据存储在云中，并将购销业务、生成合同、会计人员记录业务等信息传至云端，从而形成报表以及各种指标数据；管理层及税务部门、会计等协同部门都可以共享云空间的数据，根据各自的需求存储和调用相关数据。

（三）企业管理与决策更加注重效率

大数据技术的应用催生了新的管理工具和业务模式，使传统的管理业务一体化以及物流、资金流、信息流“三流合一”真正成为可能。通过大数据的应用，不仅可以实现对企业内部各项信息的分析、处理和控制等，还能通过运用大量的管理信息来帮助企业发展，为企业作出正确的发展决策提供可靠的信息依据。传统的管理工作存在着单据处理流程烦琐、记录过程耗时耗力且容易出错等问题，导致管理工作成本增加、管理信息的时效性低，往往限制企业的发展。在企业管理流程烦琐的情况下，企业的扩大会增加管理部门的负担，在出现问题的时候，会导致问题处理时间长、效率低下，增加企业运营方面的成本。而大数据时代的到来，将会提高管理信息的处理效率。大数据海量处理数据集合的技术，实现了管理系统的智能化，将极大提升企业的企业管理和决策的效率。

三、大数据时代的决策流程

（一）管理数据与决策

海量的数据资源背后是对传统人类行为分析工具的彻底突破。过去的商业决策更多依赖于经验、直觉或小样本调查的统计推论，而大数据时代的决策更多要依靠全面的数据分析。在大数据背景下，消费者各种行为与特点的发展变化更容易被观察、分析和了解。因此，大数据时代快速满足消费者需求成为企业形成核心竞争力的重要因素。

大数据将来自各个渠道的跨界数据进行整合，促使价值链上的企业相互连接，形成一体；地理上分布各异的企业以消费者需求为中心，组成动态联盟，将研发、生产、运营、仓储、物流、服务等各环节融为一体，协同运作，创造、推送差异化的产品和服务，形成智能化和快速化的反应机制。大数据时代，企业间通过信息开放与共享、资源优化、分工协作，实现新的价值创造。大数据时代的到来给企业管理工作带来了新的思路，利用分析工具可以从海量数据中挖掘出有用信息，并以科学的分析预测方式帮助企业规避风险，进行精准的企业管理与决策。云会计结合大数据技术在企业管理领域中的应用，将给企业带来更多的经济价值，提高企业在全球经济一体化下的核心竞争能力。为了更好地了解大数据的规律，在具体操作层面上，财会人员所面临的挑战是将经营指标转换成管理结果指标，抓住最重要的关键绩效指标（如转换率、客户流失率）并在每个月考核这些指标。企业决策离不开各种管理数据和非管理数据之间的相关性分析，它需要管理业务数据的有机融合。基于云会计平台，在抽取、转换、加载与企业决策相关的各种结构化、半结构化、非结构化类型的管理和非管理数据之后，通过大数据技术和手段分析数据之间的关联关系并挖掘出数据背后蕴含的巨大价值，可以为实现企业科学合理的决策提供支撑。

（二）促进企业的管理决策流程变革

大数据时代，企业的管理决策不同于之前的管理与决策方式，这种变革影响着企业对于数据的态度和运用，促进了企业间及企业内部的信息传导与交流。在种类繁多的数据下，企业的决策者和管理者对于决策的能力及效率有所提高，进而影响了企业的内部结构及新形式的学习型组织的构建。同时，大数据的出现对于企业决策技术提出了更高的标准，影响着企业的销售策略、企业的网络生态建设、企业的商业模式的转变等。因此，深入挖掘数据，不仅是对数据规律的探索，也是对传统的管理计划和分析缺陷的弥补。从一般意义上讲，传统的管理分析能做的仅是分析管理结果、了解不同产品或业务的盈亏状况，分析的主要对象是相对后端的数据。但如果财会人员要挑起重任，给决策者提供信息，那必须到前端的数据中去挖掘。决策是企业管理的重要职能，贯穿于企业管理的各个环节和职能系统中，科学决策是企业管理的核心，而决策在决策的过程中，流程和程序是决策的关键要素。

企业决策所依赖的数据源，可以通过互联网、移动设备等多种媒介获取，并借助云会计平台，从企业、会计部门、税务部门、管理部门、事务所、银行等决策利益相关方获取相关信息。管理主体可以借助大数据处理技术和方法实现对获取数据的规范化处理，并通过数据分析与数据挖掘技术提取决策相关的政策、税务、会计和审计等信息，然后通过人工智能、数据可视化等技术服务企业的各种决策。在这种变与不变之中，管理人员要放眼企业的整体运营，通过管理流程对企业的现金流、资源配置进行管理，利用大数据等工具深度挖掘分析数据，达到前后端数据的完美衔接。要在正确的时间从海量的数据库中提取正确的数据难度较大，财会人员的职责是管理企业数据库内的所有数据（包括管理数据和非管理数据），目的是提供高效的数据质量保证，用合理的成本释放企业价值。财会部门需要与企业各部门密切配合，将分散孤立的内部数据进行有效整合，通过制定有效的数据质量控制和报告制度等措施，保证数据符合相关规范以及满足企业自身要求和质量保证标准，从而提高内部数据集的安全性和完善度，提升数据价值。因此，在大数据时代，企业管理决策的流程将发生根本性变革。

第三节　大数据与企业竞争力提升

一、企业的竞争优势

不确定性对企业的影响非但没有减少，反而给企业带来了更加严峻的挑战。中国于 2001 年 12 月正式加入世界贸易组织，这也是中国深入和全面融入全球经济的重要标志。中国入世不仅为中国企业带来了巨大的发展机会，同时也使其面临更多来自外部环境的不确定性。目前学术界对环境不确定性的研究通常基于三个不同的视角：控制变量、自变量和调节变量。当环境不确定性作为控制变量时，它通常不会出现在研究主题中，且不作为影响研究结果的主要因素。当环境不确定性作为自变量时，学术界通常探究它对企业绩效、环境绩效、企业创新等变量的影响结果。潘凌云和董竹聚焦于环境不确定性在宏观经济方面的具体维度，他们认为宏观经济环境的不确定性对企业创新研发存在显著的负向影响作用，并以此向政府建议将抑制经济环境中的不确定性作为工作重点。庄旭东和段军山从企业经营视角出发，认为随着环境不确定性的提高，企业准确把握市场变化的难度随之提升，企业投资决策偏差会被放大，最终导致企业投资效率降低。环境不确定性并不总是对企业发展起负面作用，在一定条件下，它会对企业的价值实现产生积极影响。王益谊等人结合中国企业发展现状和所面临的环境，从学术角度对环境不确定性的度量提出框架并深入剖析和归纳环境不确定性可能为企业带来的影响，指出环境不确定性相关研究在组织管理理论中占据重要地位。王伟毅和李乾文探讨了环境不确定性与创业活动的关系，认为环境不确定性导致市场需求快速变化，难以准确把握，然而这却在一定程度上促进了新创企业的创立和创新，同时督促大型企业通过优化经营模式以更好地应对环境不确定性。当环境不确定性作为调节变量时，学者们通常从权变理论出发，研究它对主要变量关系或对中介效应的调节作用。梁敏等在探讨高管环保认知对企业绿色创新绩效的影响时发现，环境不确定性显著调节高管环保认知与动态能力之间的关系，环境不确定性越高，高管环保认知对动态能力发挥的作用越大。胡志亮和郑明贵发现企业战略差异积极影响企业经营绩效波动，而环境不确定性在二者之间起正向调节作用，同时证明这个调节作用在小规模企业更为显著。本节基于第三种视角探究环境不确定性对供应链数字化转型、供应链动态能力和企业竞争优势间关系的调节作用。

企业竞争优势是其业绩和生存的关键决定因素。当一家企业获得高于行业平均水平的回报时，它被认为比竞争对手具有竞争优势。当然，这种优势只有在其他竞争对手无法效仿的情况下才会持续存在。这凸显了企业在竞争中保持领先地位的战略更新的必要性和重要性。1933 年，英国的经济学家张伯仑（Chamberlin）在其著作《垄断竞争理论》中第一次提出企业竞争优势的概念。安索夫（Ansoff）于 1965 年将企业竞争优势引入战略管理领域，他将企业的竞争优势定义为企业因其所拥有的独特资产而获得的强势竞争地位。霍弗（Hofer）和申德尔（Schendel）进一步推广安索夫的观点，提出竞争优势是企业通过资源配置而获得的优于竞争对手的独特市场位势。1985 年，波特（Porter）出版了“竞争三部曲”之一的《竞争优势》，他指出，当一家企业获得高于行业平均水平的回报时，它被认为比竞争对手具有竞争优势，这种优势只有在其他人无法效仿的情况下才会持续存在，因此他认为只有两种来源的企业竞争优势，一个是低成本，另一个是差异化战略。在这之后，企业竞争优势的概念开始被学术界广泛探讨。一些研究将企业之间的直接竞争描述为一场战斗，其中焦点企业必须对来自其他企业的攻击保持警惕，并作出有效反应以确保其可行性和未来的成功，并以此来保证自己的竞争优势。巴尼（Barney）认为，当企业的竞争对手或潜在竞争对手无法实施与其相同的价值创造策略时，该企业便具有竞争优势。卡普尔（Kapoor）和艾德诺（Adner）指出，企业的市场份额代表了其竞争优势。而迪斯塔诺特（Distanont）和德昂马莱（Khongmalai）同样认为，如果企业拥有独特的市场地位，并具有卓越的价值主张，则该企业拥有竞争优势，因为它能够通过较低的成本领先地位、差异化产品策略、全新的细分市场划分产生最佳的价值主张和客户满意度。虽然国内外学者对企业竞争优势的表述不完全一致，但他们的基本内涵大体相同。本书结合此前学者们的研究，对企业竞争优势作出如下定义：企业竞争优势是企业在竞争市场中通过合理配置资源而获得超越竞争对手的能力，并有效输出到市场，从而赢得更多发展机会的综合素质。

二、大数据对企业竞争力的影响

（一）资源整合对企业竞争优势要素的作用

企业通过运用大数据技术，对企业的整体资源进行整合，以此能够促使企业在各个竞争要素上实施变革。下面重点分析企业的资源整合在提高战略决策效率、运营管理、全渠道整合、仓储物流管理等四个方面的影响，资源整合对其他竞争要素（如营销模式创新、企业管理、忠诚度管理）也会产生重要影响。

1．整合提高战略决策的效率

以往的决策都是靠企业家、营销人员以往的经验，而大数据时代，经过大数据的整合分析，能够提供更为可靠的决策依据，这是形成竞争优势的前提。在大数据时代下，企业组织结构由传统的“金字塔”形逐渐转向权力分散化的扁平化组织结构，通过组织结构的变化，信息由原来的从低层到高层垂直流动，转变为现在的底层信息直接可以通过数据的方式传达到高层，弱化了中层的中介效应。因此，资源整合加速了企业组织的数据信息的流动，提高了组织决策的效率。

2．整合优化企业的运营管理

企业所拥有的大数据是一种资源，一种静态的资源，而经过整合以后的大数据与企业其他资源相结合，能够打通企业运营的整个过程，提高企业整体的运营效率。中国大数据发展报告显示，61.5%的企业认为大数据在提高运营效率方面有显著作用。企业在运用大数据技术可以打通运营思路、商业模式、产品创新、渠道配送、客户维护等各个环节，以此整合企业的运营管理，提高企业经营运作效率。另外，企业将在打通线上线下的节点上投入更多，打通之后能够大大提高消费者体验，如零食品牌良品铺子，通过跨界合作将一系列资源整合起来，提高了企业整体运作的效率，实现了成本的降低。

3．整合促进企业的全渠道融合

在大数据支持下，企业通过协同各方资源，加速了不同渠道数据的整合流动，促使渠道之间关联性更高。企业的数据从消费者各渠道数据来源开始，经过企业数据平台，调动企业的物流渠道、支付渠道，与供应商合作，进而调整产品和服务，以此满足消费者，获取消费者评价数据。这是一次全渠道数据流动的过程，而数据的快速流动，将极大促进渠道的加速融合。

4．整合优化仓储物流管理

具体表现为运营管理中利用大数据，将打通运营思路、商业模式、产品创新、渠道配送、客户维护等各个环节，逐步提高企业的运营效率；整合物流配送主要是作用于市场预测、物流中心选址、优化线路配送、仓库储位优化等方面；商品管理主要是商品的品类管理，如商品组合、促销等。

（二）大数据分析能力对企业竞争优势要素的作用

大数据分析是相对于传统统计学分析而言的。传统统计原理也可以应用于大数据分析。企业一般应用的大数据分析比较少。但是随着商业分析的演进，大数据分析能够为企业带来更多的价值和机会，更有利于企业形成竞争优势。下面重点从营销模式创新、运营管理、忠诚度管理三个方面分析大数据分析能力的影响作用。

1．大数据分析能力促进营销模式创新

要实现营销创新，需要准确找到对应消费者，而这就运用了大数据分析技术中的用户画像功能。高级技术分析处理的用户画像主要分为三步：基础数据收集、行为建模、构建画像。其中，基础数据收集大致分为网络行为数据、服务内行为数据、用户内容偏好数据、用户交易数据四类。网络行为数据又包括活跃人数、页面浏览量、访问时长、激活率、社交数据等。行为建模是对收集的数据进行高级技术处理，进行行为建模，以抽象出用户标签，以及通过神经算法等机器学习对用户的行为偏好进行猜测，构建出诸如用户价值、用户汽车等行为模型。构建用户画像是在行为建模的基础上，把用户的基本属性（年龄、性别、地域）、购买能力、行为特征、兴趣爱好、心理特征，通过对这三步的数据进行分析构建用户画像，根据用户价值分析出核心用户，评估某一群体的潜在价值，对用户有一个清晰的定位，创新产品特性，匹配用户偏好，然后在用户最后可能购买的地方，如某网站或商场，进行铺货，制订对应的营销方案，创新营销手段，提升用户的服务体验，最大限度满足消费者的需求。另外，基于互联网用户开发的事件式营销、差异化广告投放都是一些创新的营销模式。

2．高级技术分析优化企业的运营管理

企业管理是企业线下渠道的重要一环，企业管理的好坏直接影响顾客的消费体验。大数据分析从三个方面改善企业管理。

第一，企业选址。通过对区域的人群的年龄结构、消费偏好、交通便利程度等方面进行综合分析，这种分析与传统的统计分析有很大区别，传统的统计分析侧重交通的便利程度等能够用数值衡量的变量，大数据分析更侧重各种因素的综合分析。这是 2004 年之后很多大型商超关门，而一些购物商场又陆续开业的重要原因。大数据分析使得企业的选址更加合理。

第二，库存管理。通过对不同企业的历史销售数据、顾客的消费行为、顾客的消费偏好等各方面的数据进行分析，结合物流配送中心数据，对每个企业的商品进行一对一的铺货。这就很好地解释了在同一家购物中心的不同地点的企业中商品的摆放及商品的品种会有很大的差异。

第三，个性化的服务。现在的一些购物中心，如银泰百货，在全国所有的企业铺设免费 Wi-Fi，顾客进入企业后，连接上 Wi-Fi，企业就能获取用户的相关信息，并结合已有数据分析进行身份识别，确定用户的行为偏好等信息，店员根据用户的一系列信息为顾客提供个性化服务，提升顾客的产品体验。

3．大数据分析提高客户忠诚度管理

客户忠诚度管理是客户关系管理的进一步细化，分为已有顾客的忠诚度、流失顾客分析，已有顾客分为两种，一种是经常性在该企业消费，另一种是在成为会员后，消费频率比较低的顾客。前者是分析顾客的消费特征，在已有条件的基础上，进一步刺激消费者的消费点，形成此类顾客的消费依赖，对于后者的是分析该类顾客的消费偏好以及购买行为，根据其消费需求，不间断地推送其所需商品。客户的流失管理是客户忠诚度分析的一个非常重要的方面，通过对流失客户的信息，如消费评价、消费路线、消费行为等各方面，进行分析，找出流失客户原因，并进行改进，以此维护客户的忠诚度。从以上分析可以得出，大数据的高级技术分析维度对竞争优势要素的作用主要体现在营销模式创新、企业管理、客户忠诚度管理这三个方面。当然，高级技术分析也会对其他的竞争优势要素产生影响，例如，在战略决策方面，大数据分析技术通过对大数据进行分析，然后将结果可视化，为战略决策提供可行性建议。

（三）实时预测对企业竞争优势要素的作用

预测是在时间序列分析的基础上做的进一步分析，大数据快速化的特征使得预测的时间进一步缩短。特别是在客户需求以及相关性商品的预测上，如网购的时候，当浏览某个商品时，网页下方实时推送一些商品，有的是相关商品，有的是浏览该商品的用户还浏览了这些商品，一些商品本是用户不需要的或者没想到的，而在那个时间段为客户创造了这种需求。实体店商品陈列也会根据消费者购物清单随时变换，这在很大程度上方便了顾客，创造了需求，提升了消费者的消费体验。在实时预测时，另一个表现主要体现在物流配送环节，在对以往消费记录、季节变化、人口分布特征等方面的数据进行全面分析之后，企业能够预测消费商品及其需求的进一步变化，与物流配送数据相结合，提前备货、设计物流路线及仓储管理等，在提高收益的同时进一步降低物流成本。

三、大数据背景下企业竞争力提升的基本策略

（一）运用大数据分析，提高战略决策效率

1．运用大数据提高企业战略管理能力

近几年的实体零售不断下滑，并且纯电商企业经过前几年爆炸式增长以后也略显颓势，从而使实体零售不断“触网”，纯电商企业也不断“落地”兼并实体企业，这代表了企业的一种发展方向，即线上线下不断深化融合。运用大数据是这种融合发生的基础，但是大数据的运用又是一把双刃剑，如果仓促上马大数据项目，并不会带来很好的收益，反而会给企业造成成本上的负担。大数据对企业转型的影响是整个企业层面的，而不是某个部门或一纸文件的效力，因此，企业的大数据引进运用必须从整个企业的战略层面去规划，并辅以各部门的大力配合以及相关企业的合作支持，才能最大限度发挥大数据为企业带来的竞争优势。

2．构建大数据下的决策支持系统

在传统的决策支持系统下，企业更强调应用，但是这种应用有一定的缺陷。第一，该应用仅限于在少量人群中使用。企业中员工动辄上万，这

显然是不适合的。第二，信息呈单向流动，并且不能获取其他相关渠道的数据。第三，不能利用在企业的外部信息，如社交信息、搜索引擎数据等。企业在大数据的环境下应清楚认识到每个人都会成为决策者，网络中的资源都会成为支持决策的信息。因此，企业必须对传统的决策系统进行改进升级，在大数据环境下，建立联系全员、全员参与的决策方式，搭建全员信息收集处理的决策体系和全员工作分配和协同的模型，构筑全员信息交互平台，为员工提供便利的交流和共享渠道，建立决策辅助信息、决策结果的分析评估体系，制定决策过程矛盾冲突有效化解的方式方法。另外，结合云计算平台，设计针对不同层级员工的决策服务推送机制，通过改进，企业能够搭建大数据环境下的决策支持系统。

（二）优化运营管理，提高运营效率，降低运营成本

1．运用大数据技术连接各部门的信息孤岛

信息孤岛是企业在运营管理中面临的重大挑战之一。重塑企业架构是必由之路。首先，确立以提升消费者体验为目标的组织架构，通过调整组织结构，满足消费者偏好和意愿，进而影响消费者对产品品牌的认知，建立良好的顾客与企业沟通方式。其次，引进大数据的先进架构，促使企业的不同部门、不同地域，甚至相关联的其他组织，在同一个大数据治理框架下可以共享物流、供应链等方面的数据。最后，通过大数据技术，连接消费者与产品设计者，有针对性地设计产品，选择供应商，促进产品的测试与上市，实现信息与情报的融通。

2．与供应商、消费者、第三方机构合作，实现数据共享，融合创新

Web3.0 的出现和应用逐渐影响着互联网的发展，同时也改变着互联网用户的使用习惯。Web3.0 为互联网提供了人工智能的部分功能，能够实现人机交互，也体现了互联网用户的价值。当今最具有代表性的全球性网络分别是互联网、物联网以及可移动的移动通信网络，移动互联网结合了互联网和移动通信的优势，物联网使得万物相连成为可能，同时也创新着售后服务模式。传统的消费习惯已经改变，人们更多的是从互联网上获得知识和服务，因此，企业应抓住机遇，借助互联网、物联网的功能，加强与相关利益者合作，为企业的零售模式创新提供支持。

3．劳动力数字化，帮助企业提高效率

劳动力数字化可以帮助企业提高效率，主要通过以下几个方面：

（1）自动化流程。数字化技术可以帮助企业自动化许多手动流程，从而减少人工干预，提高效率。例如，一些企业已经开始使用机器人流程自动化（RPA）和人工智能（AI）技术来处理重复性、烦琐的任务，如数据输入、文件整理等。

（2）即时通信。数字化转型可以帮助企业更好地进行即时通信，从而减少传统的通信障碍，提高工作效率。数字化工具如企业资源规划（ERP）系统、生产管理系统（PMS）等，可以使各部门之间更好地协同工作，实现信息实时共享。

（3）数据管理。数字化转型可以帮助企业更好地管理和利用数据，从而提高决策的准确性和效率。例如，通过数据分析工具，企业可以更好地了解市场需求、消费者行为等，从而制定更加精准的业务策略。

（4）远程工作。数字化转型还可以帮助企业实现远程工作，从而提高员工的工作效率和灵活性。数字化工具如云端办公套件和视频会议系统，可以使员工在不同的地理位置上协同工作，实现高效沟通和协作。

以服务业为例，数字化转型已经成为提高效率的重要手段。一些服务企业通过数字化技术优化劳动力管理，如使用劳动力管理云服务平台，为员工提供更便捷、高效的工作体验。数字化转型也需要充分考虑数据安全、隐私和法律问题，以保证其实施的合法性和可持续性。企业需要建立完善的数据保护机制，确保数据的安全存储和传输。同时，也需要遵守相关法律法规，避免侵犯用户隐私和违反法律规定的行为。总之，劳动力数字化是提高企业效率的重要手段之一。通过自动化流程、即时通信、数据管理和远程工作等方式，数字化技术可以帮助企业更好地管理和利用资源，提高工作效率和灵活性。随着数字化技术的不断发展，劳动力数字化也将成为未来企业发展的必然趋势。

（三）布局全渠道，促进全渠道融合

线上具有完善物流信息系统和完善的交易系统等方面的优势，线下具有渠道、场景体验及供应链方面的优势。线上与线下两者通过大数据平台作为连接，促进线上线下的深度融合，比如在流量、场景、供应链和物流等方面推进深度合作，线下通过品牌背书、售后服务、门店仓储，极佳的消费体验向线上引流；而线上平台、物流以及供应链的整合能力也将促进线下消费的转型升级。例如，企业百联集团推出的“i 百联”App，通过此 App 消费者可以享受到跨境电商的商品、社区生鲜市场的产品、超市的极

速闪购以及双端（电商与店商）服务。i 百联 App 一方面能够从各个端口搜集数据（如线上消费者数据端及线下门店显示屏端口等），另一方面能够将数据信息实时引流到各个实体门店，因此，消费者能够在百联的各个实体门店、网店享受到同样的产品和服务，而每个门店也能共享到所有消费者的数据资源。从百联的整个购物链上来看，“i 百联”在其全渠道转型中起到引流转化的功能，同样在其他方面也有渗透。

（四）优化仓储物流管理

1．构建适应性库存

企业的库存问题在仓储管理中直接影响管理的成本，库存商品过多会提高库存管理的成本,同样,企业的库存多少很难解决各业态企业的脱销问题。企业在库存管理的问题上，应采用信息化和数据处理的手段，通过对商品的实时跟踪、数据的即时更新，确定不同仓储中心、门店在不同时间点的库存水平，并且能够在实时监测的情况下使库存具有可操控性和适应性。运用大数据技术及时获取供给数据和需求数据，并将一些因素融合在内，如销售记录、销售周期、仓储中心的库存信息等，形成供给—商品实时位置—需求的信息链，从原来的需求感应数据到供给需求信息双向关联分析，使企业能够了解仓储中心及各门店的库存量，并自动生成满足需求的订单，实现“适应性库存”的管理，降低库存的成本。

2．预测产品市场的变化

消费者的行为和偏好短期内是保持不变的，但从长期看，这些都是不断变化的。一件商品投放到市场后，其销售都会遵循生命周期曲线：引入—成长—成熟—衰退。传统确定消费者需求和行为变化的方法主要是采用小样本调查，然后进行总体估计，这样的方法一是估计存在偏差；二是花费时间长，形成的错误结果会导致管理者对市场形势误判。而企业运用大数据的实时预测功能，能够实时预测消费者的偏好、行为和需求的变化，通过大量真实数据反映市场对产品需求的变化，从而进一步预测新产品进入市场后的反应,然后对 Bug 进行修复,反复验证,以达到产品的最佳市场预期。

（五）营销模式创新

1．充分利用社交媒体数据，丰富零售产品

近几年的社交媒体带来的是商品流动渠道的改变，如微商、微店等，这

种方式改变了商品销售的渠道，但并未对零售本身造成多大改变。可是社交媒体形成的数据对零售企业产生重大影响。社交媒体中产生的数据是包括图片、语音等非结构化的数据，这些数据中隐含着消费者的偏好及需求导向的信息，需要通过大数据技术进行分析，进而对零售产品进行优化或创新，因此，对于零售商品，驱动企业对其作出改善的数据是来自社交媒体。

2．个性化精准推荐

在传统实体店营销中，推销员根据用户的行为特征、喜好等推荐本店商品或服务是经常见到的。在大数据时代，企业采用大数据分析对用户进行精准化的商品推荐，这是大数据的一个重要应用场景，通过收集的消费者数据，对市场进行细分，不仅能够增加顾客黏性，而且可以获得潜在消费者并能提高市场份额。个性化推荐本质上是根据消费者的社会属性（如年龄、性别等），并结合消费者自身的特征和行为偏好，选择有针对性的推荐方案，具体有潜在消费者的挖掘、消费者价值的传递、已有消费者黏性的增加和流失消费者的挽留等。

（六）优化企业管理

1．优化企业选址

以往企业的选址考虑的是商圈、市中心等，而很少考虑偏远的区域，一方面是考虑人流量；另一方面是考虑渠道成本。但是，现在受到互联网的冲击和租金上升的压力，大型超市出现了关店潮。大数据技术的应用为企业提供了机会。在企业选址的问题上充分考虑消费者习惯偏好、仓储物流等各方面的因素，使企业在物流成本降低的情况下，能够将渠道下沉到三四线城市，甚至偏远地区。例如，在大型超市经营惨淡的当下，社区便利店一枝独秀，深入各个社区，经营面积小，服务的范围也仅限附近社区，并且运用自身仓储物流，提供送货上门服务。

2．提高实体门店的服务体验

实体门店，作为与消费者建立直接联系和提供服务的实体空间，承载着丰富的消费体验和数据收集功能。为了优化顾客体验并提升经营效率，实体门店需要紧密围绕消费者需求，借助大数据的力量进行精细化运营。基于总店强大的大数据平台，各个门店可以搭建自身的数据收集与分析系统。这一系统不仅是数据的汇聚地，更是门店运营的智慧大脑。通过对客流数据的实时分析，门店可以掌握每日、每周乃至每月的客流量变化趋势，从而合理安排人员配置和库存计划。动线和热图分析则能揭示顾客在店内的行走路径和停留点，帮助门店优化商品布局和展示方式。在客户属性标签方面，通过收集和分析顾客的购物历史、偏好、消费水平等信息，门店可以为每位顾客打上多维度的标签，实现精准的用户画像。这些标签不仅有助于门店理解顾客需求，还能为后续的个性化服务和营销提供数据支持。

参 考 文 献

[1] 任恒妮．大数据时代中小企业创新创业路径如何选择[J]．中阿科技论坛（中英文），2020（2）：2.

[2] 毛伟．大数据时代企业创新的文化驱动[J]．浙江社会科学，2020（6）：10.

[3] 丁雪辰，柳卸林．大数据时代企业创新管理变革的分析框架[J]．科研管理，2018（12）：9.

[4] 曹旭光．大数据时代物流企业创新变革研究——以青岛市物流企业为例[J]．中国市场，2014（22）：4.

[5] 魏诚．大数据时代下纺织企业发展战略问题研究[J]．江苏纺织，2018.

[6] 王韶洁．大数据时代下中小企业发展跨境电子商务的对策研究[J]．技术与市场，2019，26（6）：2.

[7] 李泉水．大数据时代下中小企业发展跨境电子商务的对策研究[J]．延安职业技术学院学报，2017（2）：3.

[8] 李竹明．大数据时代联通企业发展路径探索[J]．中国战略新兴产业，2021（3）：236-237.

[9] 李莉．大数据时代企业发展管理会计的内在逻辑与实施[J]．财讯，2019（17）：1.

[10] 于楠．大数据时代下中小企业发展对策研究[J]．科技创新导报，2017，14（7）：2.

[11] 戴梦韵．大数据，云会计时代的企业财务决策研究[J]．市场周刊·理论版，2020（26）：99-99.

[12] 赵沚琦．大数据时代企业决策管理模式的创新[J]．现代经济信息，2016（8）：24.

[13] 程平，王晓江．大数据、云会计时代的企业财务决策研究[J]．会计之友，2015（2）：3.

[14] 黄妍君．大数据时代财务管理转型探讨[J]．湖北函授大学学报，2016，29（9）：2.

[15] 何雪梅．大数据时代企业集团财务管理转型研究[J]．法制与经济，2014

（10）：2.
[16] Martin Klubeck，Klubeck，等. 量化：大数据时代的企业管理[M]. 北京人民邮电出版社，2013.
[17] 奉梅. 大数据时代下企业管理所面临的挑战与创新[J]. 现代企业，2014.
[18] 李港，于海旭. 大数据时代企业管理面临的挑战及对策[J]. 经营与管理，2017（3）：3.
[19] 孙泽红. 大数据时代下企业管理模式创新研究[J]. 纳税，2018（1）：1.
[20] 戴明禹. 大数据时代企业管理中信息安全研究的现状与展望[J]. 情报科学，2017，35（12）：6.
[21] 余义勇，段云龙. 大数据时代下企业管理模式创新研究[J]. 技术与创新管理，2016，37（3）：6.
[22] 张炎良. 大数据时代下企业管理模式的创新[J]. 经济与社会发展研究，2015（3）：1.
[23] 徐云叶. 大数据时代下企业管理模式的创新[J]. 农村经济与科技，2016（12）：2.
[24] 马琳. 大数据时代下企业管理模式的创新[J]. 天津职业院校联合学报，2014，16（7）：4.